# Artemis Einführungen

Band 22

Herausgegeben von
Peter Brang
Willi Erzgräber
Hans Fromm
Manfred Fuhrmann
Walter Hinck
Ulrich Mölk
Klaus von See

# Walther von der Vogelweide

Eine Einführung
von Gerhard Hahn

ARTEMIS VERLAG
MÜNCHEN UND ZÜRICH

CIP-Kurztitelaufnahme der Deutschen Bibliothek

*Hahn, Gerhard:*
Walther von der Vogelweide :
e. Einf. / Gerhard Hahn.
München ; Zürich : Artemis-Verlag, 1986.
(Artemis-Einführungen ; Bd. 22)
ISBN 3–7608–1322–4

NE: GT

# INHALT

6

# VORBEMERKUNG

Aus Platzgründen konnten nur wenige Lieder und Sangsprüche Walthers im ganzen abgedruckt werden. Die
Benützung einer der im Literaturverzeichnis genannten
und charakterisierten Ausgaben ist unerläßlich. Zitiert ist
nach Lachmanns Walther-Ausgabe ([13]1965) und Des Minnesangs Frühling ([37]1982).

Die Einführung wendet sich an einen Leserkreis, für
den nur zum Teil Fachkenntnis der Sprache vorausgesetzt
werden kann, in der Walther und seine Zeitgenossen um
1200 ihre Texte verfaßten. Es erschien dennoch nicht
nötig, jedes Wort und jeden Satz in die Sprache der
Gegenwart zu übertragen. Der Zusammenhang des Mittelhochdeutschen (Mhd.) mit dem Neuhochdeutschen
(Nhd.) bietet Verständnismöglichkeiten, und diese erweitern sich beträchtlich, wenn man bereit ist, einige
sprachgeschichtliche Grundinformationen, wie sie unten
geboten sind, aufzunehmen. Besonders das laute Lesen
der Texte erschließt viel von ihrem Sinn. Die Ausgaben
bieten sie zudem in einer normierten Sprachform, in der
Bestrebungen bereits der Literaten um 1200, sich überre-
gional verständlich zu machen, weitergeführt sind. Übersetzt sind alle längeren Zitate, wobei ich vorliegende gute
Lösungen dankbar in Anspruch genommen habe; übertragen, paraphrasiert oder erläutert sind weiter alle Begriffe und Wendungen, die unverständlich, mißverständ-
lich oder im Rahmen der ritterlich-höfischen Kultur von
spezifischer Bedeutung sind. Ziel ist in jedem Fall, an die
Texte Walthers selbst heranzuführen.

Die langen Vokale sind im mhd. Text bezeichnet (*sô*);
alle nichtbezeichneten sind kurz zu sprechen, auch wenn
sie in offener Silbe stehen, wo sie im Nhd. gelängt sind
(*ni-der*/nie-der). Die umgelauteten langen Vokale *â*, *ô*, *û*

7

erscheinen als *æ, œ, iu*. Mit *e* wird ererbtes *e* (*helfen*), aber auch der geschlossen gesprochene ›Primärumlaut‹ von *a* bezeichnet (*geste*/Gäste, aber noch Eltern); der offen gesprochene ›Sekundärumlaut‹ wird *ä* geschrieben (*mähtec*/mächtig). Bei den Diphthongen wird der erste Bestandteil betont: *éi, íe, óu* (Umlaut geschrieben *őu, ői, éu*), *úo* (Umlaut *űe*). – Mhd. *z* entspricht am Wortanfang und nach Konsonant unserem z (*ziehen*/ziehen, *herze*/Herz), zwischen Vokalen und im Auslaut nach Vokal unserem s, ß, ss (*ez*/es, *blôz*/bloß, *wizzen*/wissen). Die mhd. Verbindungen *ht, hs* sind als cht, chs zu sprechen und zu verstehen (*naht*/Nacht; *wahsen*/wachsen). Mhd. *v*, leicht stimmhaft gesprochen, wird nhd. f (*varn*/fahren, *hoves*/Hofes, aber noch Vogel). Zwischenvokalisches *w* fällt aus (*frouwe*/Frau[e]). Das mhd. Schriftbild kann durch die ›mhd. Auslautverhärtung‹ von *b, d, g* zu *p, t, k* (geschrieben *c*) fremd erscheinen (*stoup*/Staub, *leit*/Leid, *tac*/Tag). – Die Möglichkeit, mhd. Wörter vom Nhd. aus identifizieren zu können, erweitert sich beträchtlich, wenn man die zwei wichtigsten Lautveränderungen berücksichtigt, die den Übergang vom Mhd. zum Nhd. markieren. In der ›nhd. Diphthongierung‹ werden *î, û, iu* zu ei, au, eu (*mîn*/ mein, *hûs*/Haus, *hiute*/heute); in der ›nhd. Monophthongierung‹ werden *ie, uo, üe* zu den langen Vokalen i (geschrieben ie), u, ü (*dienen*/dienen, *muot*/Mut, *güete*/ Güte).

# I

## EIN BUCH ÜBER WALTHER: BEDINGUNGEN

Aus den Bedingungen, denen eine heutige Darstellung Walthers unterliegt, sind einleitend drei herauszuheben. 1. Wer über Walther schreibt, tritt in den Zusammenhang einer langen und überaus vielfältigen Beschäftigung und Auseinandersetzung mit diesem Autor. Diese Walther-Rezeption, die Erkenntnis ermöglicht, aber auch behindert, ist wenigstens in den äußersten Umrissen zu skizzieren. 2. Walthers Werk, 800 Jahre alt, folgt einem anderen Begriff von Literatur als dem heute vertrauten. Das ist nicht nur für die einzelne Interpretation, sondern bereits für die Anlage des Buches zu berücksichtigen. 3. Die ältesten erhaltenen schriftlichen Aufzeichnungen der Minnelieder und Sangsprüche Walthers sind rund 100 Jahre nach deren Entstehung und ersten Aufführung angefertigt worden. Die Überlieferungslage ist eine wesentliche Erkenntnisbedingung.

### Zur Walther-Rezeption

Walther galt zu Lebzeiten und gilt bis heute als einer der Größten seines literarischen Faches. Die Kennzeichnung dieser Größe allerdings wechselte, und sie charakterisiert oft mehr die Bewunderer als den Bewunderten.

Sein Zeitgenosse Gottfried von Straßburg feiert ihn um 1210 in der Literaturschau seines ›Tristan‹ (4751–4820) als *leitevrouwe* der *nahtegalen,* als bannerführend unter den Minnesängern nach Reinmars Tod. Eine breitere Tradition der Wertschätzung und Nachahmung aber, und das wirkt sich bis in die Gewichtung heutiger Darstellungen aus, entsteht um den lehr- und streitgewaltigen Sangspruchdichter. Im ›Sängerkrieg auf der Wartburg‹ (Mitte 13. Jh.) ist er nicht nur Teilnehmer an dieser legendären Veranstaltung, sondern oberster Schiedsrichter. Er zählt zu den Zwölf alten Meistern, auf die nach den fahrenden dann auch die seßhaften, städtisch-zünftigen Meistersinger vom 15. bis ins 17. Jh. ihre Kunst gründen.

Nach der Wiederentdeckung der Manessischen Liederhandschrift am Ende des 16. Jh. eröffnet Goldast (1576–1635) die philologisch-historische Forschung. Auch in ihrem literaturgeschichtlichen Bild der Stauferzeit, das mit zunehmender Handschriften- und Textkenntnis zunehmend konkreter und differenzierter wird, behält Walther seinen herausragenden Platz. Marksteine an diesem Erkenntnisweg sind die Walther-Erschließungen der Schweizer Bodmer und Breitinger (Mitte 18. Jh.), das erste Walther-Porträt von Anspruch aus der Feder Uhlands (1822), die grundlegende historisch-kritische Ausgabe Lachmanns ([1]1827). Die Bemühung um einen authentischen Text des großen Walther, die bis heute nicht abgeschlossen ist, schlägt sich in zahlreichen textkritischen Beiträgen und weiteren wissenschaftlichen Editionen wie der Pauls ([1]1882) und Maurers ([1]1955, 1956) nieder, und von ihnen zweigen zahlreiche Leseausgaben ab, oft in Auswahl, in Übersetzung oder zweisprachig, die ein breiteres Interesse bis in unsere Gegenwart bezeugen. Simrock (1870) trennt Minnesang und Spruchdichtung, die gemeinsam überliefert sind, und gruppiert die Spruchstrophen nach Tönen unter Namen, die wir noch immer benützen. Burdach (1880) und von Kraus (1935) geben die entscheidenden Anstöße zur Gliederung des Waltherschen Minnesangs nach thematischen und chronologischen Gruppen aus einem angemesseneren Gattungsverständnis. Letzterer (1935) und Wilmanns/Michels in ihrer Ausgabe ([4]1924) liefern grundlegende Kommentarwerke. Die Rubrik ›Walther‹ ist bis heute eine der umfangreichsten im Mittelalterteil unserer Bibliographien. Eine große wissenschaftliche Gesamtdarstellung, die die vorherrschenden Einzeluntersuchungen der neueren Walther-Forschung zusammenfaßt, steht aus.

Immer aber ist auch in der Zeit wissenschaftlicher Erschließung die Wertschätzung Walthers mitbestimmt von gerade geltenden Dichtungsidealen, die er zu erfüllen scheint, anakreontischen, romantischen bis hin zum Stefan-George-Kult, und nicht weniger von politischen Projektionen. In eine reformatorische, romfeindliche Front mit Hutten und Luther hatte ihn schon Goldast gerückt; dieses Bild wird besonders im Kulturkampf der Bismarckzeit noch einmal aufgerufen. Ab dem 19. Jh. aber wird Walther vor allem für einen sich erhitzenden Nationalismus vereinnahmt. Er gilt dabei nicht nur als Vertreter und Verfechter typisch deutscher Denkart und Sittlichkeit. Mit dem »Herold des Reiches« wird vor der Reichsgründung der Anspruch auf nationale Einheit und nach ihr der Wert imperialer Macht und Stärke begründet, die sich aggressiv nach außen, gegen das Fremde wendet. Daß dabei nicht nur Papier beschrieben wird, mag die von nationalpathetischer Festlichkeit umrankte Aufstellung des Walther-Denkmals in Bozen (1889) belegen. Burdach hat um die Jahrhundertwende (1902) zwar das »mythische« Bild Walthers als eines engen Vertrauten von Königen und Fürsten und eines Prinzenerziehers, der in dieser Stellung reale Reichspolitik machte, endgültig auf das »geschichtliche« eines Auftragsdichters in wechselndem Dienst reduziert. Daß Walther »der größte politische Gelegenheitsdichter« ist, beruht aber auch für Burdach darauf, daß er aus der »politischen Überzeugung des Patrioten«, als »Wortführer des nationalen Gewissens« gesprochen hat. Das konnte weiteren nationalistischen und späteren nationalsozialistischen Mißbrauch dieser historischen Figur nicht unterbinden. Noch in vielen Darstellungen der Nachkriegszeit wird Walthers literarhistorische Bedeutung, auch wenn die artistische Komponente, seine Formkunst, immer deutlicher wird, letztlich aus moralischen Qualitäten abgeleitet, engagierter Verantwortung für das Ganze des Reichs und für den Zustand der höfischen Gesellschaft. Ab den 60er Jahren erscheinen vermehrt Arbeiten, die von der Walther auferlegten Existenzform des fahrenden Literaten ausgehen. Die materielle Not und soziale Demütigung werden betont. Nicht trotz solcher Bedingungen, so sagt man jetzt, sondern aus ihnen heraus entsteht sein Werk. Es hat seine Größe in der Souveränität des Denkens und Gestaltens, mit der er die politischen und sozialen Themen und Ideen seiner Zeit aufgreift und dabei seine eigenen Interessen »advokatorisch« (Kircher) zur Geltung bringt; mit der er Gattungskonventionen so abändert, daß Literatur zum Instrument der Kritik und Selbstbehauptung des Machtlosen wird, der Minnesang nicht weniger als die Sangspruchdichtung. Rühmkorf läßt Walther bis in die Übersetzungen hinein in Liedermacher-Attitüde auftreten.

Solche vielfältige Bezeugung von Bedeutung hat Walther auch einen Platz in der vorliegenden Reihe von Einführungen gegeben. Sie sollte und kann zugleich die Schwierigkeit einer Darstellung andeuten. Wer über Walther schreibt, sieht sich nicht nur den historischen Quellen und ihrer wissenschaftlichen Auswertung, sondern immer schon einer Galerie von Walther-Porträts gegenüber, die Faszination und Vereinnahmung entworfen haben, und das keineswegs nur außerhalb der Walther-Philologie. Es ist Absicht, wenn im Folgenden allzu griffige Schlußsätze und allzu rundende Schlußkapitel fehlen.


## Literaturbegriff und Anlage des Buches

Walther kann nicht nach dem Muster dargestellt werden, das für neuere Autoren das übliche und vertraute ist: das Werk als literarische Ausdrucks- und Verarbeitungsform eines wechselnden äußeren Lebensganges und sich entwickelnder innerer Erfahrungen und Erkenntnisse über sich und die Welt unter den Bedingungen der Zeit, vielleicht in einem Dreischritt von Früh-, Reife- und Spätphase.

Dazu fehlt es nicht nur an entsprechenden biographischen Zeugnissen. Es ist uns eine einzige Erwähnung Walthers in einem schriftlichen Dokument, das nicht selbst wieder Literatur ist, erhalten: ein Posten in den Reiserechnungen des Passauer Bischofs. Ansonsten sind wir, von vielen lobenden, wenigen tadelnden Bemerkungen dichtender Kollegen abgesehen, auf biographische Selbstbezeugungen Walthers in seinem Minnesang und mehr noch in seiner Sangspruchdichtung angewiesen. Diese aber sind, wenn auch kaum ein Autor der Zeit so oft und so nachdrücklich »ich« gesagt hat, lückenhaft-punktuell und vor allem häufig topisch-allgemein oder situationsbezogen polemisch und strategisch.

Wichtiger, weil von grundsätzlicher Bedeutung ist, daß wir für das Mittelalter mit einem anderen Begriff von Literatur als dem angedeuteten arbeiten müssen. Daß es einen genuinen Erkenntnis- und Bekenntisprozeß darstellt, der durch keinen anderen – theologischen, philosophischen, wissenschaftlichen – ersetzbar ist, wenn ›ich schreibe‹; daß solches ›Schreiben‹ ein inneres Muß und darin Lebensschicksal ist; daß Literatur eine eigenständige Institution des öffentlichen Lebens ist, die ihre Begründung in sich selbst hat; daß der Dichter eine Instanz ist, berechtigt, ja verpflichtet, zu den wesentlichen Fragen privaten und öffentlichen Lebens Stellung zu nehmen, – dergleichen Vorstellungen, die uns heute selbstverständlich erscheinen, bilden sich in Deutschland wesentlich erst im 18. Jh., mit Aufklärung, Sturm und Drang, Geniekult, Klassik, und verkörpern sich für lange besonders in der Person Goethes.

Mittelalterliche Literatur ist keine eigenständige Institution. Man kann nicht von ›der mittelalterlichen Literatur‹ in dem Sinne sprechen, in dem man von ›der neueren Literatur‹ ab dem 18. Jh. sprechen kann. Verschiedene

Gattungen, lateinisch und deutsch, geistlich und weltlich, schriftlich und mündlich, sind verschiedenen Institutionen zugeordnet, in ihnen begründet und übernehmen in ihnen, häufig zu geregelten Gelegenheiten und in geregelten Formen, Aufgaben. Sie werden dafür verfaßt.

Minnesang hatte zur Zeit Walthers seinen Ort an großen Adelshöfen. Die Lieder notieren nicht Liebeserlebnisse des Sängers, sondern stellen, für Gelegenheiten festlicher Geselligkeit verfaßt und dabei aufgeführt, im typisierten Minnepaar ein Menschenbild bereit, mit dem die höfische Gesellschaft sich repräsentativ darstellen konnte, abgrenzend nach außen und identitätsbildend nach innen, das zudem erzieherisch und einübend zu wirken imstande war, in dem aber auch, wie wir sehen werden, soziale Spannungen artikuliert werden konnten.

Auch Sangspruchdichtung wird am Hof und zu Hoftagen vorgetragen. Dennoch und obgleich sie einschlägige Lehrthemen behandelt, ist sie nicht im gleichen Sinne höfische Gattung wie der Minnesang. Minnesang wird von Angehörigen des Hofes verfaßt und aufgeführt, und auch als neben diese ›dilettierenden Adeligen‹ spezialisierte Literaten treten, bleibt, wie es aussieht, die Berechtigung zum Minnesingen an Hofzugehörigkeit gebunden. Das scheint schon dadurch gefordert, daß der Sänger den Minnedienst an der höfischen Dame, der sich durch lebenslange Treue und Beständigkeit auszuzeichnen hat, in der Ich-Form bekundet: Ich werbe, ich diene. Sangspruchdichtung dagegen ist das Metier fahrender Literaten, die mit ihrem anpassungsfähig gefächerten Themenrepertoire von Hof zu Hof, von Hoftag zu Hoftag ziehen und um eine entlohnte Auftrittsgelegenheit werben, freigebige Gewährung lobend und knickrige Absage scheltend.

Walther führt beide Gattungen in seinem Repertoire. Er stellt damit eine Ausnahme dar, eine Ausnahme aber, die die gattungsmäßige Besonderheit des Minnesangs gegenüber der Sangspruchdichtung gerade in Bezug auf die gesellschaftliche Stellung des Sängers bestätigt. Denn Minnesänger- und Spruchdichterrolle stehen in seiner Person in einem spannungsvollen Verhältnis, das Begründungszwänge auslöst und sich prägend auf beide Gattungen auswirkt. Auf eine Formel gebracht: ein Minnesänger macht Spruchdichtung, ein Spruchdichter macht Minnesang.

Wann und welcherart Werke – von der Gattung über die Thematik bis zur Ausgestaltung – entstehen, ergibt sich nach dem Dargelegten weit weniger, als uns geläufig ist, aus dem kreativen Rhythmus des Dichterlebens und weit mehr, als wir gewohnt sind, aus den Bedingungen, die die literaturtragende Institution, Gesellschaftsgruppe oder der Mäzen in Dauereinrichtungen sowie Einzelveranstaltungen und -aufträgen setzen. Im literarischen Werk, das unter diesen Bedingungen geschaffen wird, kreuzen sich Gattungskonventionen von hoher Verbindlichkeit, aktuelle Erwartungen der Veranstalter und des Publikums, die sich besonders im Fall mündlich vorgetragener Dichtung Berücksichtigung erzwingen, und die Interessen und Fähigkeiten des Autors im Zeichen der historischen Stunde. Auch die charakteristischen Ausprägungen und Entwicklungen innerhalb der Gattung folgen aus diesem diffizilen Zusammenspiel, in dem biographische Momente einen nicht unwichtigen Part, aber eben nur einen Part bilden, und sind für Walther aus diesem Zusammenspiel zu erheben.

Ein biographisch-chronologisches Gerüst der Darstellung hätte, auch wenn es vollständiger zu erstellen wäre, nur begrenzten Erklärungswert und könnte den Blick auf die besonderen Bedingungen dieser Literatur eher verstellen. Wir gliedern den Hauptteil nach den beiden Gattungskomplexen Minnesang und Sangspruchdichtung, ergänzt um ein Kapitel Sonderformen, und bringen in ihrem Rahmen die biographischen wie auch die kulturellen, politischen, gesellschaftlichen und wirtschaftlichen Voraussetzungen zur Sprache. Eine biographische Skizze,

die der groben Orientierung dienen und die für das literarische Werk entscheidenden Daten hervorheben soll, ist
vorangestellt.

## Die Überlieferung

Die ältesten erhaltenen Handschriften, in denen Strophen
Walthers aufgezeichnet sind, datieren rund hundert Jahre
nach deren Entstehung und erstem Vortrag. Allein daraus
erhellt, daß und in welchem Maße die Überlieferungslage
unsere Zugangsmöglichkeiten zu Walther bestimmt.

Die wichtigsten der knapp 30 handschriftlichen Aufzeichnungen, die seit 1977 in faksimilierter Form bequem
zugänglich sind, seien kurz charakterisiert. Minnesang
und Sangspruchdichtung des 12. und 13. Jh., darunter
Walthers Œuvre, sind uns am umfassendsten in drei
großen Liederhandschriften überliefert. – Die älteste, um
1275 im Elsaß (Straßburg?) entstanden, die ›Kleine Heidelberger Liederhandschrift‹ (A) (Universitätsbibliothek
Heidelberg, cpg 357), ist die anspruchsloseste: 45 Pergamentblätter; 34 namentlich genannte Autoren; 151 Strophen unter Walthers Namen; keine Bilder; keine Melodien; ohne ersichtliche Auswahl- und Anordnungsprinzi-
pien. – Anspruchsvoller mit 25 Autorenbildern und einer
gesellschaftlich-hierarchischen Anordnung, jetzt ver-
wirrt, ist die ›Weingartner Liederhandschrift‹ (B) (aus
dem Kloster Weingarten, jetzt Württembergische Lan-
desbibliothek Stuttgart, HB XIII poetae germanici 1), um
1300 wahrscheinlich in Konstanz geschrieben: 156 Pergamentblätter; 32 Autoren, 24 mit Namen genannt;
112 Strophen unter Walthers Namen; keine Melodien. –
Sie wird in Umfang und Ausstattung noch weit übertrof-
fen von der ›Großen Heidelberger‹ oder ›Manessischen‹,
früher ›Pariser Liederhandschrift‹ (C) (nach Pariser Zwi-
schenaufenthalt wieder in Heidelberg, Universitätsbibliothek, cpg 848), die zwischen 1300 und 1340 wohl in

der Schweiz (Zürich?) geschrieben wurde: 426 Pergamentblätter in Folioformat; 138 Autorenbilder; auch hier keine Melodien; 140 Autoren mit ca. 6000 Strophen; 447 Strophen Walthers und sein Leich. – Als Beispiel für den selteneren Fall, daß Minnesang und Sangspruchdichtung nicht in Liederhandschriften, sondern in anderen Überlieferungskontexten auftreten, sei die ›Würzburger Handschrift‹ (E) (Universitätsbibliothek München, 2° Cod.MS. 731) genannt, der 2. Band des ›Hausbuches‹ des Würzburger Prokurators Michael de Leone, der um das Jahr 1350 Strophen Reinmars und Walthers, wohl wegen des angenommenen Lokalbezugs, unter didaktische deutsche Dichtungen sowie lateinische und deutsche Gebrauchstexte über Politik, Recht, Hausbau, Gesundheit, Kochkunst setzen läßt. – Die Melodieüberlieferung zu Walther ist spärlich, unsicher in der Zuweisung und häufig schwer zu interpretieren. Auch hierfür nur ein Beispiel. Zu echten Walther-Texten unter Walthers Namen sind nur eine einzige vollständige Melodie (zum ›Palästinalied‹ 14, 38) und zwei Fragmente (zu den Sangsprüchen 26, 3 und 18, 15 im ›König Friedrichston‹ und ›Zweiten Philippston‹) auf uns gekommen, und zwar im ›Münsterschen Fragment‹ (Z) (Staatsarchiv Münster, Ms. VII 15), einem Pergamentdoppelblatt aus dem 14. Jh.

Der Weg der Strophen vom gesungenen Vortrag des Autors zu den erhaltenen Liederhandschriften – über Einzelaufzeichnungen, Repertoirebüchlein, bewahrende Sammlungen des Autors selbst, anderer Sänger oder von Liebhabern, über mündliche Tradition? – liegt weitgehend im Dunkeln. Gemeinsamkeiten in Strophenbestand, -folge und Textform zwischen A, B, C und E lassen Umrisse älterer Sammlungen (*AC, *BC, *EC) bis zurück in die Jahrhundertmitte erkennen.

Die erhaltenen Texte Walthers – mit Verlusten muß gerechnet werden – tragen deutlich die Spuren handschriftlicher Überlieferung und eines fast hundertjährigen Überlieferungsganges, Abschreibfehler unaufmerksamer, Irrtümer uninformierter und Scheinverbesserungen denkender Schreiber, bewußte Anpassungen an die eigenen sprachlichen, literarischen und kulturellen Konventionen durch Sammler und Schreiber wie den späteren Ersatz des Wortes *minne,* das in Verruf geraten ist, durch *liebe.* Betroffen sind Wörter, Sätze, stilistische Figuren, die strophisch-metrische Struktur, Strophenbestand und -folge von Minneliedern und Sangsprüchen oder gar deren Zuweisung an den Autor, so daß die Echtheitsfrage zu stellen ist.

Daraus sind die Texte zu erheben. Die Probleme, die sich dem Textkritiker und Herausgeber stellen, sind bis heute nicht abschließend gelöst, weder in vielen konkreten Einzelfällen noch auch nur im Prinzipiellen: Soll man sich auf dem Weg des ersten kritischen Editors Lachmann (1827) weiter um die ›originalen‹ Texte Walthers bemühen unter dem Risiko, letztlich doch nur ein Kompositum aus verschiedenen Überlieferungen und eigenen Vorstellungen geschaffen zu haben, oder soll man eine gute Handschrift als ›Leithandschrift‹ drucken im Wissen, wohl nicht Walthers, aber immerhin einen in zeitlicher Nachbarschaft tatsächlich benützten Text zu bieten? Die letzten Herausgeber von ›Des Minnesangs Frühling‹ (ab [36]1977), der klassischen Ausgabe von Minnesang und Sangspruchdichtung vor und neben Walther, die ebenfalls auf Lachmann (und Haupt 1857) zurückgeht und auf derselben Überlieferungslage aufbaut, sind zu einem modifizierten Leithandschrift-Verfahren übergegangen.

Die Überlieferungslage bedingt unser Walther-Verständnis aber nicht nur dadurch, daß sie der Textherstellung Grenzen zieht. Wir können davon ausgehen, daß Walther seine Minnelieder und Sangsprüche in der Regel vor einem höfischen Publikum vorgetragen, vorgesungen hat. Überliefert sind sie uns aber in anderen Gebrauchszusammenhängen. Nehmen wir die ›Große Heidelberger Liederhandschrift‹ (C), die umfangreichste Walther-

Sammlung. Die Strophen begegnen uns als geschriebene Texte in einem Buch, und es ist nicht einmal ein Buch, aus dem man vorsingt. Ob man die Entstehung des Kodex dem Patrizier Rüdiger Manesse und seinem Sohn Johannes inmitten eines Züricher Kreises literaturliebender geistlicher und weltlicher adeliger Damen und Herren zuschreibt, oder ob man hinter dem königlich aufgemachten Liederbuch mit Jammers tatsächlich königlichen Auftrag vermuten will, nämlich des Hauses Habsburg, das dabei auf eine staufische Sammlung zurückgriff: das Sammeln und Aufschreiben höfischer Liedkunst muß als kultureller Akt gegolten haben, mit dem man gesellschaftlichen oder sogar herrscherlichen Anspruch dokumentieren konnte, wie auch andere europäische Herrscherhäuser der Zeit mit Prachthandschriften repräsentierten. Entsprechend die Aufzeichnung: keine Melodien, aber die bekannten ganzseitigen Autorenbilder, in denen höfisch-ritterliche Attribute dominieren, Initiale, sorgfältige und großzügige Schriftanordnung auf teurem, großformatigem Pergament, Anordnung der Autoren nach gesellschaftlichem Rang mit Kaiser Heinrich VI. an der Spitze und so fort. Aus der Sphäre des repräsentativen Buches, in der sie uns als geschriebene Texte überliefert sind, sind die Minnelieder und Sangsprüche zurückzuversetzen in die Sphäre mündlicher Aufführung, für die sie als Gesänge geschaffen sind, wenn wir sie richtig verstehen wollen. Was uns befremdend als Sprung, ja Bruch in der Gedankenführung eines Minneliedes erscheinen will, wenn wir es wie einen heutigen, an ein anonymes Publikum gerichteten Lesetext aufnehmen, wird sinnvoll, wenn wir eine höfische Hörerschaft hinzudenken, die die festliegenden Abläufe der Minnereflexion kennt und Lücken ausfüllen kann, – so daß Aussparung und Andeutung nicht als Darstellungsschwäche, sondern als Darstellungsprinzip dieser Vortragskunst anzusehen sind. Die außerordentliche thematische Vielfalt unter den Sangspruchstrophen ein und desselben Tones, die jede moderne Vorstellung von künstlerischer Einheit sprengt, wird, wenn man von der Text- zur Aufführungsebene überwechselt, unter der Vorstellung verständlich, der Autor selbst schon habe je nach Gelegenheit verschiedene Strophengruppen zusammengestellt und vorgetragen. Der überlieferte Text ist nur ein Teil der Aufführungskunst Minnesang und Sangspruchdichtung. Die Crux ist freilich, daß wir die umgreifende Aufführungssituation im wesentlichen aus den Texten rekonstruieren müssen.

## II

## WALTHERS LEBEN

### Das einzige außerliterarische Lebenszeugnis

In der Reinschrift der Reiserechnungen, die Wolfger, Bischof von Passau, später Patriarch von Aquileja, für sich anfertigen läßt, findet sich die Notiz: *sequenti die apud Zei* [*zemurum*] *Walthero cantori de Vogelweide pro pellicio. V. sol. longos* (Am folgenden Tag [der Tag nach St. Martin, der 12. November 1203] bei Zeiselmauer [an der Donau, kurz vor Wien] an den Sänger Walther von der Vogelweide 5 Schillinge für einen Pelzrock).

Wir haben das einzige erhaltene Zeugnis vor uns, in dem Walther zu seiner Zeit außerhalb des Bereichs der Literatur Erwähnung findet. Und auch in ihm, keiner Urkunde, sondern einer privaten Aufzeichnung, tritt uns Walther als Literat entgegen, der belohnungswürdig zur Unterhaltung des literaturliebenden und -fördernden Kirchenfürsten – er wird unter anderem mit der Entstehung des ›Nibelungenliedes‹ in Zusammenhang gebracht – beigetragen hat. Aus dem Datum, der Bezeichnung *cantor,* aus der Höhe und Art des Geschenks wollte man auf ein längerfristiges Dienstverhältnis Walthers, sogar ein Chordirigenten- oder Sängeramt im Passauer Domchor, auf ein vollwertiges gelehrtes Dichtertum, jedenfalls eine Ausnahmestellung nach Stand und Auftreten gegenüber jenen anderen Unterhaltungskünstlern schließen, die mit ihm in die Reiserechnungen eingegangen sind. Curschmann hat demgegenüber gezeigt, daß nichts zwingt, in dem notierten Vorgang mehr zu sehen als gut angemessene Belohnung für die qualitätvolle Darbietung des fahrenden Dichter-Sängers, die sich diesseits der Alpen, »cultural hinterland« gegenüber Italien, besonders eindrucksvoll dargestellt hat.

## Unsicher: Walthers Stand

Die bis in unsere Zeit tradierte Vorstellung, Walthers hohe ritterlich-höfische Kunst gründe auf gehobenem sozialen Stand, hat sich nicht bestätigen, allerdings auch nicht eindeutig widerlegen lassen: daß er »Ritter« sei, wahrscheinlich »armer, aber freier Ritter«, wie ihn noch 1968 Köhler einschätzte, zumindest »ritterbürtig«, vielleicht nachgeborener, besitzloser Sohn eines kleinen Einschildritters, oder doch aus einer (Reichs-)Ministerialenfamilie. Seine Abkunft liegt im Dunkeln. Daß sein Name, anders als der vieler adeliger Autoren, in keiner Urkunde auftaucht, läßt eher darauf schließen, daß er dort wenig zählte, wo es um politische Vereinbarung und besitzrechtliche Abmachung ging.

Die literarischen Zeugnisse sind im fraglichen Punkt mehrdeutig und führen auf einen Schlängelweg des Wenn und Aber. Wenn Walther im 13. Jh. *her Walther* genannt wird, so drückt dieser Titel, der neben und zusammen mit dem des *meisters* verwendet wird, doch wohl eher die Achtung gegenüber dem Kollegen und die Verehrung gegenüber dem künstlerischen Vorbild aus. *Min meister her Walther,* heißt es etwa beim Marner (von der Hagen, Minnesinger II, S. 246). Spott scheint dagegen in der Fügung *her Vogelweide* zu liegen, mit der Wolfram von Eschenbach (›Willehalm‹ 286, 19) Walther bedenkt unter Anspielung auf ein Nicht-genug-haben-Können (17, 11; vgl. u. S. 120). Walther hat sich den Titel *her* sogar zweimal selbst zugelegt. Einmal jedoch geschieht es durch den Mund eines Dieners Dietrich in einer kabarettistischen Fiktion (82, 11); das anderemal tritt er als selbstbewußter Literaturfehdegegner *hêr Walther* einem *hêr Wîcman/Volcnant* Genannten (18, 1) entgegen. Der Kontext hebt Eindeutigkeit auf. Das gilt auch für die Bezeichnung *der guote kneht* (Ritter?), die der Didaktiker Thomasin von Zerklaere dem gleichzeitig scharf Getadelten beilegt (›Wälscher Gast‹ 11 191).

Bleibt vor allem das Lehen, das Walther von Friedrich II. empfangen hat: *Ich hân mîn lêhen, al die werlt, ich hân mîn lêhen* (28, 31). Setzt ein Reichslehen nicht Belehnungsfähigkeit, vielleicht sogar -anspruch voraus? Der Historiker Bosl schlägt den Germanisten vor, die zitierte Zeile künftig so zu lesen: »Endlich habe ich, der Sohn eines Reichsministerialen, mein, das heißt, das mir rechtlich zustehende Dienstlehen oder ein Lehen, auf das ich Anwartschaft habe [einen Vogelweidesitz bei Feuchtwangen]; eine Anwartschaft, die Kaiser Friedrich II. jetzt endlich um das Jahr 1220 realisiert hat.« Oder wird hier nicht doch ausnahmehafte Kunstleistung auf ausnahmehafte Art belohnt? Geworben hatte Walther ja so: *lât iuch erbarmen / daz man mich bî sô rîcher kunst lât alsus armen* (28, 1 f.: laßt euch zu Herzen gehen, daß man mich bei so reicher Kunstfertigkeit so armselig leben läßt).

Zu sorgen aber hatte er nicht nur für seine leiblichen Bedürfnisse. Auch seine gesellschaftliche Anerkennung war offensichtlich etwas, worum er sich ständig zu bemühen hatte. Was hat er dafür anzuführen? Neben seiner künstlerischen Leistung vor allem eines, sein ständiges, unverdrossenes Wertstreben, das *werben umbe werdekeit mit unverzageter arebeit – sô bin ich doch, swie nider ich sî, der werden ein* (66, 34 ff.: dann gehöre ich doch, wie weit ich gesellschaftlich auch unten stehe, zu denen, die man zu achten hat). Wie *nider* aber ist Walther? Wenn nicht ›von Stand‹ in einem weitesten Sinn, bleibt bäuerliche oder stadtbürgerliche Abkunft. Und begnügt er sich mit einem ›Tugendadel‹? Es gibt eben doch auch wieder Hinweise darauf, daß Walther besonders empfindlich und scharf reagiert, wenn man ihn dort verletzt, wo es um Standesmerkmale zu gehen scheint: wenn ihm der thüringische *hêr Gêrhart Atze* sein ritterlich-teures Pferd abschießt (104, 7); oder wenn er im Haus des reichen Abtes von Tegernsee *wazzer nam* und *alsô nazzer* (104, 23) scheiden mußte, also nur Wasser zu trinken oder kein Handtuch zum Trocknen der Hände bekam; oder wenn er den

minniglichen Frauenpreis mit der Bemerkung hinauf-
treibt, er habe *getragene wât* (Kleidung), Spielmannslohn,
nie angenommen, ein getragenes Kleid aber würde er für
sein Leben gern empfangen wollen, *den reinen lîp* (Leib)
der Dame, dafür würde der Kaiser zum *spileman* (62, 36).
Umgekehrt weiß er ein ehrendes Geschenk wie den *dîemant* des Grafen von Katzenellenbogen besonders zu wür-
digen (80, 35).

Der Handschrift C gilt er als *her Walther von der Vogelweide.* Er wird unter die Ministerialen eingereiht. Im
Autorenbild führt er Wappen und Schwert. Es ist jedoch
zu bezweifeln, und dubiose Titulierungen wie *her Niuniu*
oder *her Geltar* geben dazu Anlaß, ob hier wie auch in B,
wo er gleichfalls *her* heißt, nach fast 100 Jahren sichere
Nachricht wiedergegeben ist; ob nicht vielmehr unter
dem Zwang der hierarchischen Einteilung Lehensdank
und literarischer *her-*Titel kombiniert sind. Das ist auch
für die Nachricht über das Würzburger Grab des *miles
Waltherus* von 1350 anzunehmen.

»Spielmannsleben mit einem Anflug von ›Ritter‹-Exi-
stenz« – diese Prägung Bertaus für den jüngeren Zeitgenossen Neidhart kann auch den Befund für Walther zusammenfassen.


### Entscheidend: Walthers Lebensform

Die Reiserechnung Wolfgers zeigt uns den Sänger in einer
Situation, die symbolisch ist für sein Lebens- und Künst-
lerschicksal: Walther in der Nähe Wiens, aber nicht in
Wien.

Mit großer Wahrscheinlichkeit hat Walther am Wiener
Hof unter Herzog Friedrich von Österreich als seinem
Gönner und unter dem Einfluß Reinmars (des Alten) das
Verfassen und Vortragen von Minneliedern erlernt. *Ze
Ôsterrîche lernt ich singen unde sagen* (32, 14). Zu Reinmar
aber tritt er, sich profilierend, bald in Konkurrenz und

literarische Fehde. Was sich für Walther am Hof des Babenbergers als Lebens- und Wirkungsmöglichkeit abzeichnet, nimmt ein schnelles Ende, als Friedrich im April 1198 auf dem Kreuzzug Heinrichs VI. stirbt und sein Nachfolger, Leopold VI., wir wissen nicht warum, den jungen Minnesänger nicht länger an seinem Hof hält. Walther ist gezwungen zu ›fahren‹, zu ›vagieren‹, das heißt, von Hof zu Hof, von Hoftag zu Hoftag zu ziehen und um entlohnte Vortragsgelegenheit zu bitten. Soviel wir wissen, hat er Zeit seines Lebens keine längerfristige, abgesicherte Anstellung mehr gefunden; wie sich das Lehen für ihn auswirkte, wird nicht deutlich.

1198, der erzwungene Wechsel der Lebensform ist das entscheidende Datum für Walthers Leben und für sein Werk. Seine vielumrätselte geburtsrechtliche Stellung ist darin von Bedeutung, daß sie, was sie auch gewesen sein mag, Walther das Fahren nach einem anfänglichen Hofleben nicht ersparen konnte. Als fahrender Literat hat er seinen Lebensunterhalt zu verdienen, und das heißt, Brot und Unterkunft, Kleidung und Ausstattung immer wieder neu zu erbitten. Als fahrender Literat ist er gesellschaftlich taxiert worden und hat, am Rande der Rechtlosigkeit lebend, seine Anerkennung inmitten der Schar des fahrenden Volkes zu betreiben, die den lateinisch dichtenden Scholaren ebenso einschloß wie die Tänzerin, den Akrobaten und den Feuerschlucker. Über die materielle Not und die soziale Demütigung führt er beredte Klage (s. u. S. 98 ff.).

Auf 1198 datieren wir Walthers erste Sangsprüche. Sangspruchdichtung, nicht Minnesang ist es, was man vom fahrenden Sänger erwartet. *Swer getragener kleider gert, / der ist niht minne sanges wert,* so bringt später der Baumburger (von der Hagen, Minnesinger II, S. 263) gängige Ansicht auf die Formel. Walther gehört zu den Ausnahmen, hatten wir gesagt, wenn er weiterhin auch Minnesang, zum Teil allerdings stark abgewandelt, in seinem Repertoire führt. Dazu mag ihn sein minnesängerischer Ausgang, sein bewiesenes Können berechtigt haben. Er steht dennoch offensichtlich unter Begründungszwang. Es geschieht in einem Minnelied, daß er, wie spielerisch auch immer, von sich weist, je *getragene wât* (vgl. o. S. 24) angenommen zu haben. Wie gut er die Regel kennt, geht auch aus seinem Bittspruch an Friedrich II. hervor. Ein eigener Herd, Ende des Fahrens, Selbständigkeit und damit verbundene Achtung würden ihn in die Lage versetzen und veranlassen, Minnesang zu machen »wie einst«, auf Naturfreude und Frauenpreis gestimmt:

> *gerne wolde ich, möhte ez sîn, bî eigenem fiure erwarmen.*
> *zâhiu wiech danne sunge von den vogellînen,*
> *von der heide und von den bluomen, als ich wîlent sanc!*
> *swelch schœne wîp mir denne gæbe ir habedanc,*
> *der liez ich liljen unde rôsen ûz ir wengel schînen.*

(28, 3 ff.: Wenn es doch geschehen könnte, wie gerne würde ich mich am eigenen Herd wärmen! Ach, wie würde ich dann von kleinen Vögeln singen, von der Heide und von Blumen, so wie einst! Und wenn mir eine schöne Frau dann Entgegenkommen zeigte, der ließe ich Lilien und Rosen auf ihren Wangen blühen.)

Walther war sich selbst wohl bewußt, was das Ereignis von 1198 für ihn bedeutete. Er hat den Abschiedsschmerz um Friedrich und Wien in Bildern inszeniert, die vor Augen bleiben:

> *Dô Friderich ûz Ôsterrîch alsô gewarp,*
> *dêr an der sêle genas und im der lîp erstarp,*
> *dô fuort er mînen krenechen trit in derde.*
> *dô gieng ich slîchent als ein pfâwe swar ich gie,*
> *daz houbet hanht ich nider unz ûf mîniu knie.*

(19, 29 ff.: Als es Friedrich von Österreich geschah, daß seine Seele das Leben, sein Leib den Tod fand, da nahm er meinen stolzen Kranichschritt mit sich ins Grab. Da schlich ich wie ein Pfau, wo ich auch ging. Den Kopf ließ ich hängen bis auf die Knie.)

Walther hat sein Leben lang versucht, wieder am *wünneclî-chen hof ze Wiene* Fuß zu fassen. Er muß ihm von der Jugenderfahrung her wie eine Verheißung erwünschten Lebens und Schaffens erschienen sein. Er hat ihn den höchsten Werten angereiht, die seine Zeit benennen und erstreben konnte. Die *drî sorge,* die drei Ziele, die zu erreichen er Sorge trägt, sind:

> *gotes hulde und mîner frowen minne,*
> . . .
> *daz dritte hât sich mîn erwert unrehte manegen tac.*
> *daz ist der wünneclîche hof ze Wiene:*
> *in hirme niemer unz ich den verdiene . . .*

(84, 7 ff.: die Gnade Gottes und die Minne meiner Herrin . . . das dritte blieb mir lange ohne Grund verschlossen. Es ist der herrliche Hof zu Wien. Ich werde nicht ruhen, bis ich verdient habe, an ihm zu sein . . .)

Mehr als kurzfristige Gunst und zeitweilige Aufenthalte hat Walther nicht gefunden. Eine Erfahrung ist zur endgültigen geworden:

> *Mir ist verspart der sælden tor:*
> *dâ stên ich als ein weise vor:*
> *mich hilfet niht swaz ich dar an geklopfe.*

(20, 31 ff.: Das Tor zur Seligkeit ist mir versperrt. Hilflos und verlassen [wie eine Waise] steh ich davor. Ich kann klopfen und klopfen, es nützt mir nichts.)

## Wegskizze

. . . *von der Seine* (Seine) *unz* (bis) *an die Muore* (Mur, Steiermark), / *von dem Pfâde* (Po) *unz an die Traben* (Trave) an einer Stelle (31, 13 f.), *von der Elbe* (Elbe) *unz an den Rîn* (Rhein) *und her wider unz an Ungerlant* (Ungarn) an anderer Stelle (56, 38) umreißt Walther den Bereich, in dem er fahrend die Welt kennengelernt hat. Die Sangspruchdichtung, die Namen, Orte, Ereignisse nennt oder auf sie

27

anspielt, ermöglicht es, diese Karte, auch zeitlich, noch etwas genauer auszufüllen.

Mehrfach nimmt ihn *daz rîche und ouch diu krône* (19, 36), der königliche Hof auf. Zwischen 1198 und 1201 finden wir ihn beim Staufer Philipp, 1212/13 beim Welfen Otto IV., wohl schon 1213 wieder auf staufischer Seite in der Umgebung des jungen Friedrich II., dem er um 1220 für ein Lehen dankt und für den bzw. dessen Reichsverweser Engelbert von Köln er bis gegen 1229 Spruchstrophen verfaßt.

Walther ist an den großen Adelshöfen seiner Zeit oder im Gefolge ihrer reisenden Herren zu Gast. Mindestens zweimal in den ersten beiden Jahrzehnten des 13. Jh., aber kaum in Dauerstellung, wie vermutet wurde, beim Landgrafen Hermann von Thüringen, einer der unberechenbarsten politischen Figuren und zuverlässigsten literarischen Mäzene der Zeit; kurz auch, im Frühjahr/Sommer 1212, bei dessen Schwiegersohn, dem Markgrafen Dietrich von Meißen. Von Walthers wiederholten Versuchen, zwischen etwa 1203 und 1219, am Hof Herzog Leopolds VI. von Österreich, der inzwischen nach Klosterneuburg verlegt ist, feste Anstellung zu finden, war schon die Rede. Spruchstrophen oder Erwähnung hat Walther Herzog Bernhard von Kärnten, dem Grafen von Katzenellenbogen, einem Ludwig (Herzog Ludwig I. von Baiern?), Wolfger, da schon Patriarch von Aquileja, gewidmet. So wie er einmal zum Kloster Tegernsee abbog, hat er auf den langen Wegen sicher noch viele Ungenannte besucht.

Eine Reihe großer Namen! Sie darf nicht vergessen lassen, daß Walther alle genannten Höfe wieder zu verlassen hatte, nicht selten in Unfrieden, hinter sich zurück schimpfend: *ich was sô voller scheltens daz mîn âten stanc* (29, 2).

Rechnet man die spätere Angabe Walthers: *wol vierzec jâr hab ich gesungen oder mê* (66, 27) zurück, kommt man auf ein Geburtsdatum um 1170. Die Fülle der Literatur, die im Streit um seinen Geburtsort publiziert wurde, steht in keinem Verhältnis zur Bedeutung dieser Frage für sein literarisches Werk und ist in hohem Maße von nationalem und lokalpatriotischem Interesse geprägt. Rund zwanzig Vogelweid-Sitze stehen in Wettbewerb. Der Name, lateinisch *aviarium,* der den Nist- und Fangplatz für Vögel bezeichnet, kann gut auch ein sprechender Künstlername sein. Ich nenne nur die Hauptthesen. 1. Walther ist in Südtirol, auf dem Vogelweidhof im Grödnertal geboren. 2. Er ist dort geboren, wo er nach eigenem Zeugnis das Singen lernte, in Österreich, vielleicht in Wien. 3. Er ist dort geboren, wo er seinen Alterssitz hatte und gestorben sein soll, in Franken, in Würzburg oder Feuchtwangen. – Für sein literarisches Werk relevant ist die dargestellte Beziehung zum Wiener Hof.

Auf die Zeit nach 1230 ist keine Strophe Walthers mehr verläßlich zu datieren. Die Nachricht von seinem Grab in Würzburg, im Kreuzgang des Kollegiatstifts Neumünster (Lusamgärtlein) stammt von Michael de Leone, dessen Hausbuch (E) wir schon kennengelernt haben. Er überliefert sogar eine lateinische Grabinschrift.

*Pascua qui volucrum viuus Walthere fuisti.*
*Qui flos eloquij. qui Palladis os obiisti.*
*Ergo quod aureolam probitas tua possit habere.*
*Qui legit. hic dicat. Deus istius miserere.*

(Simrock übersetzte poetisch: Der du die Vögel so gut, o Walther, zu weiden verstandest, / Blüte des Wohllauts einst, der Minerva Mund, du entschwandest! / Daß nun der himmlische Kranz dir Redlichem werde beschieden, / Sprech doch, wer dies liest: ›Gott gönn' ihm den ewigen Frieden.‹)

Die Notiz dieses Walther-Verehrers aber liegt sehr spät, um 1350. Man würde sich fast wundern, hätte man ein sicheres Todesdatum des Mannes, der so eindrückliche Spuren in der literarischen und so flüchtige in der realen Welt hinterlassen hat.

## III

WALTHERS MINNESANG

## Die Tradition

Walther und sein Publikum stehen bereits in einer gefestigten Tradition von Minnesang. Walther setzt einge-
spielte Konventionen voraus, wenn er Minnelieder verfaßt und vorträgt. Diese Voraussetzung geht in die Formulierung der Texte ein. Sie waren damals und sind heute
nur verständlich, jedenfalls in der ganzen Schärfe ihrer
Kontur, wenn man sie auf dem Hintergrund der Gat-
tungstradition hört. Wir müssen uns diese kurz vergegen-
wärtigen.

### Übernahme aus der Romania

Ab etwa 1150 tritt uns im südöstlichen Deutschland eine
kunstvolle Liebesdichtung entgegen, in der sich zum
erstenmal in der Volkssprache ein laikal-weltliches, adeliges Selbstverständnis und Selbstbewußtsein äußert, das
aus Glück und Leid selbstgewählter Liebesbeziehungen
zwischen Mann und Frau gewonnen ist. Diese Liebesdichtung eines Kürenbergers, Dietmars von Eist und
anderer wird jedoch bald, ab etwa 1170, von einer anderen
Liebesdichtung überlagert und verdrängt, die aus der
Provence und Frankreich übernommen ist, wo sie sich
seit Jahrhundertbeginn im Rahmen einer höfischen Adels-
kultur reich entfaltet hat. Von der Kontaktzone am Rhein
aus erobert sie den königlich-kaiserlichen Hof und große
Adelshöfe wie den thüringischen und österreichischen,
wesentliches Medium der Ausbildung einer höfisch-ritterlichen Kultur und kultureller Repräsentation auch hier,
zusammen vor allem mit dem höfischen Roman um
König Artus und die Ritter seiner Tafelrunde. Die beson-

dere Form der Mann-Frau-Beziehung, die da vorgeführt wird, nennen wir bis heute ›Minne‹, um sie von anderen Formen der Liebe, besonders der uns heute vertrauten abzugrenzen; die zugeordnete Lieddichtung heißt ›Minnesang‹.

Die deutschen Minnesänger haben die Liebesdichtung der provenzalischen Trobadors und französischen Trouvères (vgl. die Einführung Mölks in dieser Reihe) nicht einfach kopiert, sondern sogleich über die Sprachgrenze hinweg das Prinzip der Variation von Grundmotiven angewendet, das die Gattung ausmacht. Sie haben wohl, besonders in der Anfangszeit, im Kontrafakturverfahren Singweisen übernommen und mit deutschen Texten unterlegt. Diese aber sind nicht Übersetzungen, sondern eigene Bearbeitungen des Themas Minne, die sich allerdings reichlich romanischer Motive bedienen. Die deutschen Minnesänger haben auch aus der Typenvielfalt romanischer Liebesdichtung ausgewählt, was in der andersartigen sozialen und minder entwickelten literarisch-kulturellen Landschaft rechts des Rheins Aufnahme finden konnte. Das war vor allem der Typ der Minnekanzone, des hohen Minneliedes, des Werbungsliedes, der bereits in der Romania das Zentrum des Gattungsfeldes bildete, und sie haben auch ihn noch angepaßt.

## Das Inhaltsschema der Minnekanzone

Wer zum erstenmal eine Minnekanzone liest, sagen wir das Lied Friedrichs von Hausen, dessen Eingangsstrophe unten abgedruckt ist, findet vielleicht die rhetorisch-räsonierende Sprache (*daz ist reht*) und den Bildbereich (*keiser*) befremdend, glaubt aber wohl, das Lied im ganzen verstehen zu können. Es scheint von vertrauten Liebesliedern des 19. Jh., etwa den darunter abgedruckten Zeilen Heinrich Heines, nicht weit abzustehen.

*Mir ist daz herze wunt*
*und siech gewesen nû vil lange,*
*— daz ist reht, wan ez ist tump —*
*sît ez eine vrowen êrst bekande.*
*Der keiser ist in allen landen,*
*kuste er sî ze einer stunt*
*an ir vil rôten munt,*
*er jæhe, ez wære im wol ergangen.*

(MF 49, 13: Schon lange leidet mein Herz an einer Wunde und siecht dahin – aber das hat seine Richtigkeit, denn es ist unerfahren –, von dem Augenblick an nämlich, da es eine Dame kennenlernte. Selbst der Kaiser, dem alle Lande untertan sind, würde er sie einmal auf ihren so roten Mund küssen, er müßte bekennen, er hätte etwas Schönes erlebt.)

Du bist wie eine Blume,
So hold und schön und rein;
Ich schau dich an, und Wehmut
Schleicht mir ins Herz hinein.

Mir ist, als ob ich die Hände
Aufs Haupt dir legen sollt,
Betend, daß Gott dich erhalte
So rein und schön und hold.          (Hanser-Ausgabe S. 131)

Ein Erlebnis, so scheint es, die Begegnung mit einer Frau (*sît ez eine vrowen êrst bekande* /Ich schau dich an), deren Schönheit den Liebenden so oder so bis zum Schmerz anrührt (*wunt, siech*/Wehmut), wird in lyrischer Form und Sprache verarbeitet und kommt darin zu allgemeinerer, mitteilungswürdiger Bedeutung.

Wer in einer Sammlung von Minneliedern wie ›Des Minnesangs Frühling‹ oder in den ›Deutschen Liederdichtern des 13. Jahrhunderts‹ liest, muß diese Vorstellung aufgeben. Er findet: Was über die eine Minnepartnerin gesagt ist, ist in anderen Minneliedern nicht nur desselben Autors, sondern von zehn, zwanzig, dreißig anderen Dichtern über Jahrzehnte, über zwei Jahrhunderte, bis der Minnesang ausklingt, nicht selten mit denselben Worten, häufiger mit variiertem Ausdruck auch über die anderen Minnepartnerinnen gesagt. Man kann sie austauschen. Das gilt aber auch für den männlichen Minnepartner, der in der Ich-Form spricht und obwohl er in dieser scheinbar persönlichsten Form spricht. Und das gilt, noch erstaunlicher und bezeichnender, auch für die Art der Beziehung zwischen den Minnenden.

Nicht ›Erlebnislyrik‹. Der Befund erklärt sich, wenn man Minnesang als ›Rollendichtung‹ in dem Sinne versteht, daß der Sänger vor dem festlich versammelten höfischen Publikum – Minnesang ist ›Gesellschaftskunst‹ – immer wieder die spielregelartig festgelegten Rollen der beiden Minnenden entwirft und dazu einlädt, sich mit ihnen zu identifizieren. Er gibt Gelegenheit, daß sich das Publikum der höfischen Damen und Herren zumindest für die Dauer der Aufführung in eine Gesellschaft Minnender verwandeln kann. Sie schöpfen in diesem Akt den erotischen, ethischen und sozialen Gehalt der Rollen und Rollenbeziehungen für höfische Repräsentation und Erziehung aus. Die Variation des inhaltlichen und formalen Grundmusters von Lied zu Lied dokumentiert die Fähigkeit des Minnesängers und schafft für das Publikum immer neuen Rezeptions- und Identifikationsanreiz – Minnesang ist ›Variationskunst‹ und darin ›Formkunst‹. Ob und wie sich dieses ›Minnerollenspiel‹ in die Realität fortsetzte, wenn die Minnesangaufführung endete, und vielleicht von dort wieder auf den Minnesang zurückwirkte, ob es also außerliterarische Minnebeziehungen gab, wie sie gesellschaftlich verankert waren, welchen Grad von Verbindlichkeit sie hatten, das sind zumal für Deutschland offene Fragen. Aber auch dann, wenn Minnesang nicht den Glücks- und Leidgehalt oder die ethische Potenz real bestehender Liebesverhältnisse ausdrückt, sondern Minnebeziehungen als literarisches ›Rollenspiel‹ in Gang setzt, ist er nicht ›unecht‹, so wenig wie die schäferliche Rollendichtung des 17. und 18. Jh., sondern nur unvertraut anders. Er ist als höfischer Ritus oder Akt

»höfischen Zeremonialhandelns« (Kleinschmidt) charakterisiert worden. Gerade darin ist er von einer eminenten
gesellschaftlichen Bedeutung, die sich allein schon in der
Lebensdauer dieser Gattung und ihrer Nachwirkung bis
ins 17. Jh. äußert.

Zu den Rollen selbst. Die Minnepartnerin wird in der
Regel *frouwe* (*frowe, vrouwe*) genannt. In diesem Titel,
den wir recht und schlecht mit »Herrin, Dame« übersetzen, ist zusammengefaßt, daß sie als von Stand und wohl
als verheiratet, wie wir aus dem darin deutlicheren roma-
nischen Vorbild schließen können, vorgestellt ist. Sie
führt auch die Geschlechtsbezeichnung *wîp*, »Frau«, oder
tritt einfach als *si* (*sie, sî*) auf oder unter Formulierungen
wie *die ich sô herzeclîchen meine* (minne) (Reinmar, MF
183, 21). Sie trägt nie einen Namen, so wenig wie andere
spezifizierende Merkmale. Die Rolle muß für eine allgemeine Identifikation offenbleiben. Auch ist hohe Minne
als *tougen minne* (heimliche Minne) angesetzt. Walther hat
mit dieser Regel überlegen gespielt, wenn er sie scheinbar
bricht: *mînes herzen tiefiu wunde / diu muoz iemer offen stên,
sin* (es sei denn sie) *werde heil von* – Hiltegunde (74, 18 f.).
Durch wen sonst? Mit Hiltegunde flieht Walther von
Aquitanien vom Hofe Etzels in der germanischen Helden-
sage, die uns der ›Waltharius‹ (um 930?) lateinisch überliefert hat. Das Wichtigste an dieser Rolle aber ist: die *frouwe*
ist *guot* und *schœne,* vollkommen innen und außen, wobei
ihr Schönsein das Gutsein zur Erscheinung bringt. Sie ist
das irdische *summum bonum* wie Gott das überirdische
›höchste Gut‹ ist. Im Sinne einer Setzung, einer Spielregel,
die nicht auf Realität Rücksicht nimmt, gelten in ihr die
höfischen Werte, Normen, Verhaltensformen als vollkommen verwirklicht, als ideal verkörpert. Die Sammel-
begriffe *guot* und *schœne* können in Tugend- und Schön-
heitskatalogen aufgefächert werden.

Die männliche Rolle bleibt, in der Ich-Form vorgeführt, in sich noch unbestimmter. Von anderen angeredet, kann der Partner als *riter* (*rîter, ritter*) bezeichnet

34

werden. Auch er ist als denen zugehörig gedacht, die ritterlich-höfischem Lebensstil folgen. Die männliche Rolle ist nahezu ausschließlich aus der Beziehung auf die *frouwe* definiert. Seit er sie erblickt hat, ja schon seit er nur von ihr gehört hat, oft von Kindheit an ist er getroffen von der Ausstrahlungskraft ihrer zugleich körperlich-erotischen und geistig-ethischen Vollkommenheit. Er ist schmerzlich aus der Bahn seines bisherigen Lebens und Selbstverständnisses gerissen. In der *frouwe* steht ihm ein neues Ziel vor Augen, das es um alles zu erringen gilt und das doch unerreichbar ›hoch‹ ist. Er ist in der Lage eines Mannes, der einen Baum bestiegen hat und weder höher hinauf noch wieder zurück kann, so beschreibt Graf Rudolf von Fenis (MF 80, 1 ff.) den Minnenden.

Zu diesem Zeitpunkt: der Mann wirbt, Erfüllung steht aus, beginnt wie die meiste Liebesdichtung der ganzen Welt auch das hohe Minnelied zu sprechen. Es ist ein Zeitpunkt hoher erotischer Spannung. Hier ist ein populäres Mißverständnis auszuräumen. Hohe Minne ist nicht ›platonische Liebe‹ im Sinne einer begierdelosen Verehrung. Im Gegenteil. Das angestrebte Einswerden mit der *frouwe* ist immer auch körperliche Vereinigung. Der Minnesänger kann sie umschreiben (von Sorgen erlöst werden, Gnade finden), aber auch sehr direkt benennen: *bî ligen* (mit ihr schlafen). Diese Erfüllung aber ist noch nicht gewährt. Die erotische Spannung ist voll erhalten. Über sie vermittelt sich, was die *frouwe* neben und zugleich mit dem erotischen Ziel noch ist: ethisches Vorbild. Zwei Werte insbesondere, die zugleich zentrale Werte der feudalen Gesellschaft sind, können geübt und bewiesen werden, die *triuwe* und *stæte* (unverbrüchliche Treuebindung und Beständigkeit), aber auch andere wie *zuht* (Wohlerzogenheit) und *mâze* (Angemessenheit des Verhaltens). *Daz ir dest werder sint unde dâ bî hôchgemuot,* die Möglichkeit zur Wertsteigerung und höherer Selbstachtung verheißt die sich versagende *frouwe* als *lôn* (Albrecht von Johannsdorf, MF 94, 14). Das *trûren,* die *swære* (Trauer,

Bedrücktsein), die der Erfüllungsaufschub auslöst, bleiben auf diese Weise nicht unfruchtbar. *Fröide* und *hôher muot* (freudiges und hochgestimmtes Bewußtsein des eigenen Wertes) für den Einzelnen und die Gesellschaft, die höchste Erwartung an die hohe Minne, können schon vor der Erfüllung wirksam werden. Die Erfüllung ist notwendig und überflüssig zugleich.

Ihre geschichtliche Besonderheit aber hat die hohe Minne vor allem darin, daß sie das Verhältnis der Minnenden nach der gesellschaftsbildenden Grundformel der feudalen Zeit beschreibt: als *dienest* und *lôn*. Das Werben des Mannes um die Frau wird als Dienst an der Herrin dargestellt. Er beinhaltet vor allem den ständigen huldigenden Preis der *frouwe* und die Ausrichtung des ganzen Lebens auf sie (z. B. MF 206, 19 ff.). Das Entgegenkommen der Frau wird als Lohn behandelt. Er kann gestuft sein vom *gruoz,* der im höfischen Zeichensystem gesellschaftliche Anerkennung und Dienstannahme bedeutet, über die Einzelaudienz, den Kuß bis eben zur Hingabe. Wir werden anhand des Waltherschen Minnesangs fragen, was diese Einkleidung bedeutet (s. u. S. 85 f.). Jedenfalls stellt sie die Beziehung in einen ›Rechtsrahmen‹ und liefert darin die Hauptargumente für beide Seiten. Die Werbung des Mannes, als *dienest* geleistet, hat ›rechtlichen‹ Anspruch auf *lôn*. Die Herrin, hat sie den *dienest* angenommen, ist ›rechtlich‹ zum *lôn* verpflichtet – allerdings liegt es an ihr, Zeitpunkt und Maß der Belohnung festzulegen, so daß diese doch ein Akt der *genâde* (Gnade) bleibt. Dieser ›Rechtsritus‹ – andere Bildfelder wie etwa der Liebeskrieg oder das Wohnen im Herzen bleiben untergeordnet – wird in nahezu jedem Minnelied vollzogen und gibt dem Minnesang seine unverwechselbare historische Gestalt. Friedrich von Hausen fährt im zitierten Lied fort:

> *Sît ich daz herze hân*
> *verlâzen an der besten eine,*
> *des sol ich lôn enpfân …*

(49, 21 ff.: Da ich mein Herz einer der Besten zur Verfügung
übergeben habe, steht es mir zu, Lohn zu empfangen . . .)

Hohe Minne ist nicht Zweisamkeit. Sie ist immer auf eine
umgebende Gesellschaft (*werlde, liute, si, si alle . . .*) als
obligate dritte Rolle bezogen, die in jedem Lied vorhanden ist, genannt oder stillschweigend vorausgesetzt. Sie
reagiert auf die Minne des Minnepaares in gegensätzlicher
Weise. Sie muß diese außereheliche Liebe verhindern. Die
Institution der Aufpasser (*huote, merkære*) dürfte den eifer-
süchtigen Ehemann (provenzalisch *gilos*) einschließen.
Hinter den *nîdæren* (Neidern) und den *lügenæren,* die die
Minnebeziehung durch verleumderische, verfälschende
Zwischenträgerei zerstören wollen, werden sich vor allem Sängerkonkurrenten verbergen. Die hindernden Momente werden allerdings zunehmend von außen in das
Innere der Minnenden, besonders der Dame verlegt, die
sich durch den Moral- und Ehrenkodex der Gesellschaft
gehemmt fühlt. Die Gesellschaft, wie sie das Minnelied
darstellt, kann dem Paar aber auch positiv gegenüberstehen; es können sogar *friunde* als aktive Helfer angerufen
werden. Denn es ist in dieser paradoxienreichen Kon-
struktion ja vorausgesetzt, daß die Minne *fröide* und *hôhen
muot* nicht nur dem Einzelnen, sondern über ihn der
ganzen Gesellschaft mitteilt.
   Die genannten Rollen und Rollenbeziehungen werden
in der Minnekanzone nicht episch-beschreibend vorgeführt, sondern innerhalb einer Minnereflexion des betroffenen männlichen Ich entworfen: *Mir ist das herze wunt . . .
sît ez eine frowen êrst bekande . . . der keiser ist . . .* (s. o.).
Charakteristisch für die Minnekanzone ist nun, daß auch
diese Reflexion aus einer begrenzten Zahl von ›Bauteilen‹
zusammengesetzt ist. Die wichtigsten sind: 1. Der Preis
der *frouwe* (in dem immer wieder ihre überlegene Vollkommenheit definitorisch festgelegt wird). 2. Der Hinweis auf den geleisteten Minnedienst in seiner Qualität
(wie Dauer, Beständigkeit, Verläßlichkeit). 3. Die Lohn-

forderung. 4. Die Klage über die ausbleibende Erhörung, Kundgabe von *trûren* und *swære*. 5. Reflexion über Gründe der Nichterhörung (Schuld bei der *huote,* bei mir, bei der Dame, bei der Minne?) 6. Reflexion über Konsequenzen (meist neue Dienstversicherung als ein Trotzdem).

Die Kunst des Minnesängers besteht darin, diesen Grundmotiven in sich, etwa dem Frauenpreis, immer wieder überraschende, überbietende Varianten abzugewinnen; weiter darin, diese Grundmotive raffiniert ineinander zu verflechten und in neue Abfolgen zu bringen. Einzelne Motive können in den Vordergrund gerückt sein und dominieren; dann entstehen etwa Preis- oder Klagelieder. Wie das Rollenschema kennt das Minnesangpublikum auch dieses Grundmotivgefüge und ist fähig zu ergänzen, wo der Minnesänger nur andeutet oder gar ausspart. Was dem heutigen Leser als dunkle Stelle, Lücke und Sprung erscheint, ist häufig Spiel mit dem Gattungswissen der damaligen Hörer. Textabläufe solcher Art haben, um so mehr wenn man sie sich gesungen vor einem festlich versammelten Publikum vorstellt, tatsächlich eher den Charakter einer Zeremonie, eines Ritus.

Minnesang, so hatten wir vorausgeschickt, dient der höfischen Gesellschaft zur Repräsentation, identitätssichernd nach innen und abgrenzend nach außen. Wie sehr er in seiner Grundstruktur als ständig wiederholte, zeremonielle, rituelle Gegenwärtigsetzung eines höfischen Menschenideals dazu fähig ist, dürfte nun deutlicher geworden sein. Aber auch, warum er der Einübung in höfische Werte, Normen, Verhaltensformen dienen kann. Sie sind in der *frouwe*-Rolle vorbildlich verwirklicht und bieten sich in ihr als zugleich ethisches und erotisches Ziel dar. Sie kommen im Mann unter solchem Antrieb zur Verwirklichung. Die *dienest-lôn*-Kategorie öffnet den Vorgang ins Gesellschaftliche. Ein eminent didaktisches Modell. Über kritische Potenzen, die es enthält, soll anhand der Lieder Walthers gesprochen werden.

Dort sind auch einige Liedtypen zu behandeln, die sich

um die Minnekanzone als Zentrum gruppieren und ermöglichen, das Thema unter spezifische Aspekte zu rük-
ken. In Frauenlied, Botenlied, Wechsel und Dialog ist die
Sprecherrolle anders besetzt. Tagelied, Pastourelle,
Kreuzzugslied und Totenklage gehen, anders als es in der
zeit- und raumlosen Reflexion der Minnekanzone geschieht, von bestimmten Situationen aus.

## Zur Form des Minneliedes

Walther steht auch in einer bereits gefestigten musika-
lisch-strophisch-metrischen Tradition. Das einheimische
Liebeslied, das in der Regel aus einer einzigen Langzeilen-
strophe, gleich oder ähnlich der Nibelungenliedstrophe,
und einer Variante, dem ›Wechsel‹, bestand, in dem eine
Männer- und eine Frauenstrophe wie zwei Monologe
zusammengefügt waren, wurde durch das mehrstrophige
romanische Lied überlagert und verdrängt. Erhalten blieb
das Prinzip, den Vers aus betonten und unbetonten Silben
(Hebungen, Senkungen) zu bauen, die der natürlichen
Betonung nicht widersprechen durften, und nicht wie in
der Romania die Silben zu zählen. Ob und wie sich im
gesungenen Vortrag sprachgebundene Rhythmik durch-
setzte oder ob andere, abstraktere rhythmische Muster
galten, ist eine der schwierigsten Fragen der Rekonstruktion. Die mittelalterlichen Musikaufzeichnungen geben
darüber keine direkte Auskunft.

Zu Walthers Zeit ist eine dreiteilige (bzw. zweiteilige)
Strophenform zur nahezu ausschließlichen Dominanz ge-
langt. Ein Strophenteil (I. Stollen, nach der späteren mei-
stersingerlichen Terminologie) wird identisch wiederholt
(II. Stollen; beide Stollen zusammen bilden den Aufgesang); ein abweichender Teil (Abgesang) schließt sich an,
der allerdings auf Elemente des Aufgesangs, auch einen
ganzen Stollen (da-capo-Form) zurückgreifen kann. Die
Identität bzw. Abweichung der Teile bezieht sich auf das
Reimschema, die Hebungszahl der Verse und die Art des

Versausgangs (Kadenz; grob: betont oder unbetont). Zu
Gehör kommt dieser Strophenbau aber vor allem durch
die Melodie, die einstimmig und solistisch vorgetragen
wird und der sich eventuelle instrumentale Begleitung
ganz unterordnet. In etwas verwirrender Weise bezeichnet man nicht nur das hohe Minnelied, sondern auch diese
Strophenform als Kanzone.

Am Beispiel einer Strophe Walthers:

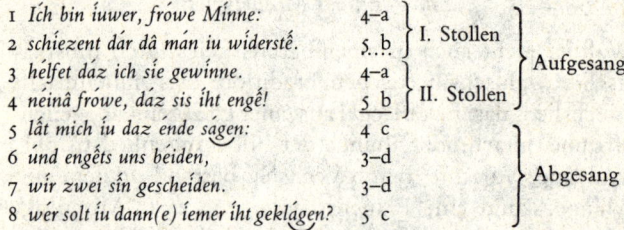

(41, 5ff.: Ich bin ja bereits euer, Minne, meine Herrin. Zielt
dorthin, wo man euch Widerstand leistet! Helft, daß ich sie
gewinne! Daß sie uns ja nicht entkommt, Herrin! Laßt mich
euch sagen, wie es sonst enden wird: Entkommt sie uns
beiden, sind wir geschiedene Leute. Wer würde dann künftig
noch seine Klage vor euch bringen [d. h. euch als Herrin
anerkennen]?)

4-a bedeutet: 4 sprachlich realisierte Hebungen ( ́); im Vers-
ausgang ist die letzte Silbe (-) unbetont; Reimkennzeichen a.
5 b bedeutet: 5 sprachlich realisierte Hebungen; im Versaus-
gang ist die letzte Silbe betont (kein Symbol); Reimkennzeichen b. Zu beachten ist, daß in den Versen 5 und 8 *sagen* und
*(ge)klagen* (kurze vorletzte Silbe) metrisch wie eine einzige
betonte Silbe behandelt werden.
Diese Analyse, die von der Sprache ausgeht, wäre um eine
Analyse der Singweise zu ergänzen, wenn diese erhalten wäre.

Es ist Aufgabe und Kunst des Minnesängers, der in der
Regel Textdichter, Melodist und vortragender Sänger in
einer Person ist, von Lied zu Lied die Singweise, die
Reimstruktur und Kadenzanordnung, die Vers- und Hebungszahlen im Rahmen der Kanzonenform so zu variie-

ren, daß immer wieder ein neues Gebilde, ein neuer ›Ton‹ entsteht. Der hohe Kunstanspruch der Gattung gründet nicht zuletzt auf der Form.

Was leistet diese Formgebung für den Gehalt des Minneliedes? Man wird so stufen können: 1. Sie hebt die Minnereflexion aus der Alltäglichkeit heraus und ordnet sie der repräsentativen Festlichkeit zu. 2. Sie schafft und erhält den Rezeptionsanreiz für die stark schematisierte Minnereflexion durch ein abwechslungsreiches formales, ornamentales Spiel. Bauteile aus verschiedenen Schichten können entspannend zur Deckung gebracht, aber auch Spannung aufreißend gegeneinander verschoben sein: Teileelemente der Singweise (ein Melodiebogen) und sprachgegebene strophisch-metrische Teile (wie Vers oder reimgeprägte Versgruppe), dazu sprachliche Einheiten (wie Satz, Teilsatz, Sprecheinheiten im Satz) und auch inhaltliche Einheiten (Argumente, Motive usw.). So können sich beispielsweise ein Melodiebogen und ein Satz mit einem Vers decken, sie können diese Grenze aber auch unter- und überschreiten und dabei wieder unter sich in Deckung bleiben oder sich trennen, und bei diesem Vorgang kann ein Argument abgeschlossen, aber auch nur fortführungsbedürftig angerissen sein – die Kombinationsmöglichkeiten sind kaum aufzulisten. 3. Die Form kann aber auch den Inhalt zu verdeutlichen helfen. So kann die strophische Gliederung den gedanklichen Aufbau schärfer hervortreten lassen. Erörterung und Folgerung (s. obiges Beispiel), Aufzählung und Zusammenfassung können im Aufgesang und neu einsetzenden Abgesang zur Geltung gebracht werden. Die beiden parallelen Stollen können Varianten eines Motivs (s. o.), aber auch Antithesen wirkungsvoll aufeinander beziehen. Eine nichtreimende und dadurch abgehobene Verszeile (Waise) oder die Schlußzeile (s. o.) können einen Kernsatz herausheben. Tragende Begriffe kommen im Spitzenton der Singweise oder in Reimstellung und in der melismatischen Kadenz zu besonderer Wirkung (s. o. die Verben).

Und so fort. In diesem Punkt kommt die Formgebung heutigen Vorstellungen und Ansprüchen am weitesten entgegen, ist aber, besonders was die musikalische Struktur anlangt, noch deutlich genug von der subtilen Interpretationsleistung entfernt, die sie etwa ins Kunstlied des 19. und 20. Jh. einbringt. 4. Fremdartig ist dagegen wieder, daß wir mit Kryptostrukturen rechnen müssen, die nicht im Hören, bestenfalls im Lesen aufgenommen werden können und vielleicht überhaupt nur dem Autor bekannt sind: wenn Vers- und Hebungszahlen und deren Relationen ›schöne‹ oder gar symbolische Zahlen (3, 4, 7, 10, 12, 100 usw.) ergeben, in denen sich, wie wir es auch aus anderer mittelalterlicher Dichtung kennen, die vollkommene Ordnung der Schöpfungswelt abbildet.

### Vom ›adeligen Dilettanten‹ zum ›höfischen Berufsliteraten‹

Die Entwicklung des deutschen Minnesangs bis hin zu Walther scheint vor allem dadurch bestimmt, daß neben den Adeligen (wie Graf Rudolf von Fenis-Neuenburg) oder den adelsmäßig in gesicherter gesellschaftlicher Position Lebenden (wie den Reichsministerialen Friedrich von Hausen), die Minnesang ›dilettierend‹ betreiben, zunehmend der spezialisierte Literat tritt, dessen gesellschaftliche Stellung mit der Qualität seines Minnesangs verknüpft ist. Profilierungszwang und Konkurrenzdruck steigern das literarische Niveau der Gattung und verschaffen ihr Selbständigkeit und Eigenwert gegenüber dem westlichen Vorbild. In der Ich-Rolle beginnt neben dem Minnenden der Minnesänger zu sprechen, und er spricht im Publikum nicht nur Minne-, sondern Kunstkennerschaft an, kurz: neben die Minnereflexion tritt die Reflexion über richtiges Minnesingen:

> Swaz ich nu niuwer mære sage,
> des endarf mich nieman vrâgen: ich enbin niht vrô.

*die vriunt verdriuzet mîner klage.*
*des man ze vil gehœret, dem ist allem sô.*

(Reinmar, MF 165, 10ff.: Niemand braucht mich danach zu
fragen, was ich jetzt etwa an Neuem zu verkünden habe: ich
bin nicht froh. Die Freunde sind meiner Klage überdrüssig.
Es geht mit allem so, was man zu oft hört.)

Man setzt im Minnekonzept so scharfe Akzente, daß sie
zum Markenzeichen des Sängers werden. Heinrich von
Morungen betont die unverfügbare, überwältigende
Macht der Minne, der sich der Mann hilflos ausgesetzt
sieht, wenn ihm die *frouwe* als Glanzerscheinung vors
Auge tritt. Reinmar, auf den sich Walther insbesondere
beziehen wird, beansprucht Meisterschaft und Ruhm in
einem Punkte, in der schönen Zelebration des Leides: *daz*
*nieman sîn leit alsô schône kan getragen* (MF 163, 9). Leid, als
Klage vorgetragen und nur noch über deren Schönheit in
*fröide* zu verwandeln, ist unabdingbare Konsequenz der
Minne. Versagt sich die Dame, *daz klage ich iemer mê*;
erhört sie aber und mindert damit ihre Vorbildlichkeit: *ich*
*wirde ir lasters niemer vrô* (MF 165, 37ff.).

## Konturen des Waltherschen Minnesangs

Walther hat sich mit dem tradierten Minnekonzept und
insbesondere mit der Ausprägung, die ihm Reinmar gegeben hat, in einem profilierten eigenen Entwurf ausein-
andergesetzt, der zugleich den Versuch umfaßt, die Einrichtung Minnesang neu zu begründen. Wir stellen die
solchermaßen ›programmatischen‹ Lieder und Strophen
in den Mittelpunkt der Darstellung. Sie setzen nach brei-
tem Konsens in der Forschung mit dem ›Preislied‹ Walthers (56, 14) ein, das er bei einem Versuch, wieder am
Wiener Hof Anstellung zu finden, vielleicht 1203, vorgetragen hat. Die Lieder, die folgen, hat v. Kraus (1935)
maßgeblich in drei Gruppen eingeteilt, die er »Gruppe des
Preisliedes«, »Niedere Minne« (heute in der Regel »Mäd-

chenlieder« genannt) und »Neuerliche Hohe Minne«
(heute meist »Neue hohe Minne«) überschrieb. Ich über-
nehme sie in dem Sinne, daß damit nicht aufeinanderfol-
gende Schaffensphasen bezeichnet sein sollen, sondern
drei charakteristische Ansätze des Minnesängers Walther,
die zeitlich nebeneinander stehen können und keineswegs
alle seine Lieder aus dieser Zeit einschließen müssen. Was
an überlieferten Liedern der vorausgehenden Jugend- und
der Fahrendenzeit ab 1198 (»Wanderzeit«) zuzuordnen ist,
bleibt ganz unsicher: Motive Reinmars, Morungens und
der lateinischen Vagantenlyrik braucht Walther nicht nur
als Lernender aufgenommen zu haben; konventionellere
Inhalte und einfache Formen kann der Fahrende, der er
blieb, auch später für ein entsprechendes Publikum gewählt haben. Ich hebe nur ein Lied heraus, das den
begrenzten Streitfall einer angenommenen »ersten Reinmarfehde« dokumentiert und Walther bereits in bezeichnender Pose zeigt. Die Hauptprobleme der Chronologie
und Gruppenbildung hat Maurer im 1. Band seiner Ausgabe zusammenfassend erörtert und in einer Tabelle über-
sichtlich dargestellt. Nur für ein Drittel der Lieder besteht
Übereinkunft in der Zuordnung.

*Fehde mit Reinmar: Gegenmatt (111, 22)*

*in dem dône Ich wirbe umb allez daz ein man*

I

*Ein man verbiutet âne pfliht*
*ein spil, des im ouch nieman wol gevolgen mac.*
*Er giht sowenne ein wîp ersiht*
*sîn ouge, daz si sî sîn ôsterlîcher tac.*
*Wie wære uns andern liuten sô geschehen,*
*suln wir im alle sînes willen jehen?*
*ich bin derz im versprechen muoz:*
*bezzer wære mîner frouwen senfter gruoz.*
*deist mates buoz!*

›Ich bin ein wîp dâ her gewesen
sô stæte an êren und ouch alsô wol gemuot:
Ich trûwe ouch noch vil wol genesen,
daz mir mit stelne nieman keinen schaden tuot.
Swer küssen hie ze mir gewinnen wil,
werbe aber ez mit fuoge und anderm spil.
ist daz ez im wirt ê iesâ,
er muoz sît iemer sîn mîn diep, und habe imz dâ
und anderswâ‹.

(Text nach Wapnewski, der näher an der Handschrift bleibt,
dazu seine Übersetzung: In dem Ton: Ich wirbe umb allez daz
ein man. I Da ist ein Mann, der bietet ohne schiedsrichterliche
Zustimmung so hoch daß er meint, nicht überboten werden
zu können bei seinem Spiel, und wirklich vermag auch
niemand sein Verfahren zu billigen. Er behauptet nämlich,
sobald er nur eine bestimmte Frau erblickt, sie sei seine
Auferstehungsfreude. Wohin käme es mit uns, den anderen,
wenn wir alle es ihm nachbeteten? Ich bin's, der die Gegenbe-
hauptung aufzustellen gezwungen ist: besser wäre es, wenn
man ›Madame‹ zart entgegen käme! Das ist mein Gegenzug
gegen die Schach-Matt-Behauptung. – II »Ich habe bisher
dagestanden als eine Frau so hohen Ansehens und festen
Herzens: auch künftig glaube ich mich davor retten zu können, daß mir jemand durch Diebstahl Schaden zufügt. Wer
immer hier von mir einen Kuß zu gewinnen trachtet, der
werbe vielmehr um ihn in Anstand und mit andrer Spielme-
thode. Geschähe es, daß er ihm indes vorher plötzlich zuteil
wird, so haftet, der ihn nahm, mir fortan immer für den
Diebstahl, hier und wo immer er sei«.)

Bereits mit der Singweise kündigte Walther an, daß er
seinen Konkurrenten im Visier hatte. Statt wie üblich
einen eigenen Ton zu erfinden, sang er in einem Ton
Reinmars. Er bezog sich zunächst auf die 1. Strophe von
dessen Lied:

*Ich wirbe umbe allez, daz ein man*
*ze weltlîchen vröiden iemer haben sol.*
*daz ist ein wîp, der ich enkan*
*nâch ir vil grôzem werde niht gesprechen wol.*
*Lobe ich si, sô man ander vrouwen tuot,*
*daz engenimet si niemer tac von mir vür guot.*
*doch swer ich des, si ist an der stat,*
*dâs ûz wîplîchen tugenden nie vuoz getrat.*
*daz ist in mat!*

(MF 159, 1: Ich werbe um jenes Ein und Alles, das ein Mann
zu seinem irdischen Glück unabdingbar haben muß. Es ist
eine Frau, die ich gar nicht rühmen kann, wie es ihrer großen
Würde entspräche. Preise ich sie, wie man andere Damen
preist, ist ihr das nie und nimmer gut genug. Doch schwöre
ich, sie ist nie einen Schritt vom Weg weiblicher Vollkommenheit abgewichen; so steht sie da. Das setzt die anderen
matt!)

Das Muster einer Preisstrophe! Reinmar treibt den Frauenpreis im Aufgesang mit dem Unsagbarkeits- und Unfä-
higkeitstopos in die Höhe. Er steigert ihn im Abgesang
noch weiter durch die Bemerkung, üblicher Frauenpreis
liege unter dem, was seine *frouwe* von ihm erwarte. Man
sieht, wie er im Preis der Dame den eigenen mitbetreibt.
Er schwört, nochmalige Steigerung, einen Eid auf ihre
Vollkommenheit und schließt in der abgehobenen kurzen
Schlußzeile mit der Matt-Ankündigung: es bleibt offen,
ob er die anderen Damen oder ihre Sänger oder beide
meint.

Walther bleibt im Bildbereich, den Reinmar aufgebaut
hat; er pariert das Matt. Gekonnter Gegenzug ist es, daß er
als Anwalt einer beleidigten größeren Öffentlichkeit (*uns
anderen liuten*) auftritt und den Gegenspieler daraus isoliert
(*sînes willen*). Was hat er ihm vorzuwerfen? Die schlecht
überlieferte Strophe, die zeitgenössische Vorstellungen
nur gerade anreißt, ist nicht leicht zu verstehen. Walther
greift Reinmar vor allem dort an, wo dessen Frauenpreis

(und darin eingeschlossen seine Selbstrühmung) auf Kosten der anderen Damen (und Sänger) geht, wo er ihn steigert, indem er die anderen herabdrückt und gar ausschalten will (vgl. auch Wolframs ›Parzival‹ 115, 5 ff.). Er hat gegen die Regel verstoßen, daß die Wahl der einen *frouwe* auf der Ehrung aller anderen aufruhen soll. Derartiges Überbieten (*verbiutet*) ruiniert das Wettbewerbs-*spil* des Frauenpreises.

Walther bezieht in seine Replik ein weiteres Lied Reinmars, nochmals ein Preismotiv ein:

*Si ist mîn ôsterlîcher tac,*
*und hân sie in mînem herzen liep:*
*daz weiz er wol, dem ich niht geliegen mac.*

(MF 170, 19 ff.: Sie ist mein Ostertag, und ich habe sie von Herzen lieb: das weiß der, dem ich nichts vortäuschen kann [Gott].)

Das Leben mit der *frouwe* als neues, als eigentliches, als Auferstehungsleben. Was an diesem Motiv, das ähnlich auch Morungen verwendet (MF 140, 15 f.), war für Walther provozierend oder wollte er als provokatorisch erscheinen lassen? Konnte und wollte er die Mischung von Weltlichem und Geistlichem, die noch dazu unter Anrufung Gottes als Zeugen geschieht, als blasphemisch anprangern? Man hat die überlieferten Zeilen abgeändert, etwa zu: *er gihet, swenne ein wîp ersiht / sîn ouge, ir sî mat sîn ôsterlîcher tac.* Walther habe Reinmar die herabsetzende Behauptung unterstellt, jede andere Frau, die ihm vor Augen komme, sei mattgesetzt durch seine *frouwe* als Ostertag. Oder will Walther einfach den nicht genannten Fehdegegner weiter kenntlich machen: Ich meine den, der vor euch von seiner Dame als Ostertag singt?

Eine weitere schwer zu deutende Stelle ist der 8. Vers. Sie erhält pointierten Sinn, wenn man *mîner frouwen* mit Wapnewski nicht als Genitiv (Gruß von), sondern als Dativ liest (Gruß für) und als romanisierendes ›Madame‹

versteht. Gemeint wäre dann nicht Walthers, sondern Reinmars Dame (bzw. ihrer beider Herrin, wenn man davon ausgeht, daß sich die Herrin des Wiener Hofes, die Herzoginwitwe Helena, als erste in der idealen *frouwe*-Rolle angesprochen fühlen durfte). Ihr, sagte Walther dann und gäbe sich wieder als Vertreter eines höheren Interesses aus, ihr stünde eine sensibler ehrende Anrede zu (*senfter gruoz*) als das aggressive Frauenlob Reinmars.

Darin wäre dann auch Walthers polemische Strategie in seiner II. Strophe vorbereitet. Denn hier erteilt er Reinmars *frouwe* direkt das Wort. Sie selbst verwahrt sich im Namen ihrer Ehre und Gesinnung gegen den Plan ihres Liebhabers, den dieser an späterer Stelle (MF 159, 37ff.) des Liedes *Ich wirbe* vorgetragen hatte, nämlich den Kuß, den zu stehlen ihm günstige Gelegenheit und Gottes Hilfe vielleicht ermöglichen würden, dort wieder niederzulegen, woher er ihn genommen hatte, falls sie es fordere. Die Dame verweist auf das, was sich gehört (*fuoge*), und auf die geltenden Regeln (*ander spil*). Erhobener Zeigefinger, sonst nicht Walthers Geste, gegen ein spielerisch-reizvolles Motiv, das seinerseits nicht für Reinmar charakteristisch ist – vielleicht gerade weil dieser hier einmal keck die Dulderhaltung (*daz lîde ich* MF 159, 12) durchbrochen hat?

Der Gegner soll getroffen werden, wo irgend er sich eine Blöße gibt oder zu geben scheint. Noch geht es um subtile Kunstfehler wie mögliches ›Überloben‹ und aufgebauschte Minneregelwidrigkeiten wie das Stehlen eines Kusses, der doch freiwillig gewährter Minnelohn für treuen Dienst sein sollte. Sichtbar ist bereits Walthers Fertigkeit, mit allen Mitteln der Rhetorik wirkungsvolle Auftritte zu inszenieren und sich dabei gekonnt zur Geltung zu bringen: *ich bin derz im versprechen muoz*. Man sollte dabei aber nicht vorschnell von einem besonders ausgeprägten künstlerischen Selbstbewußtsein oder gar von einem bereits neuzeitlich anmutenden Ichgefühl sprechen. Es geht um notwendige Selbstdarstellung in einer

Konkurrenzsituation mit den Möglichkeiten der Gattung; Walther setzt sich als Verfechter legitimer allgemeiner Interessen der ›Minnegesellschaft‹ und geltender Regeln in Szene. Anschaulich dürfte auch geworden sein, wie wenig Minne und Minnesang privaten Charakter haben, wie sehr jede Äußerung von gesellschaftlichem Belang ist.

Die Nadelstichfehde läßt sich, wenn auch nicht mit gleicher Deutlichkeit, weiterverfolgen (etwa MF 196, 35 – 113, 31 – MF 178, 1; 53,25?). Walther bleibt bei der Schachspielmetaphorik und beim Kußmotiv. Er aber will das *küssen* (Kissen und Kuß) der Dame legal zu Lehen empfangen (*lîhen*), nicht stehlen (54, 7 ff.). Und wenn er den anderen ein Matt ankündigt, so geschieht das unangreifbar aus dem Mund der *frouwe* als höchster Minneautorität und betrifft ihn, den Mann: *si hânt* (haben) *daz spil verlorn, er eine tuot in allen mat* (114, 22). – Das folgende Lied eröffnet neue Dimensionen der Auseinandersetzung um rechte Minne und richtiges Minnesingen. Sie ist mehr als nur eine zweite und dritte »Reinmarfehde«.

*Etwas Neues für Wien: das ›Preislied‹ (56, 14)*

Das Lied hat Hoffmann von Fallersleben zu seinem, zu unserem Deutschlandlied angeregt, aber es ist alles andere als eine deutsche Nationalhymne des Mittelalters. Es ist, auf das Ziel hin gesehen, das Walther mit ihm verfolgt, nicht einmal ein oder gar das ›Preislied‹ unseres Autors, als das es üblicherweise geführt wird. Es erschließt sich im einzelnen und im ganzen am besten, wenn man es als das Werbelied des Fahrenden um den Wiener Hof auffaßt, an dem weiterhin Reinmar den Minnesangton angibt. Die Pelzrock-Notiz zeigt Walther im November 1203 in der Nähe Wiens. Er könnte das Lied in diesem Jahr, vielleicht bei Gelegenheit der Hochzeit Herzog Leopolds mit der byzantinischen Prinzessin Theodora Komnena, vorgetragen haben.

## I

Ir sult sprechen willekomen:
der iu mære bringet, daz bin ich.
allez daz ir habt vernomen,
daz ist gar ein wint: nû frâget mich.
ich wil aber miete:
wirt mîn lôn iht guot,
ich gesage iu lîhte daz iu sanfte tuot.
seht waz man mir êren biete.

## II

Ich wil tiuschen frowen sagen
solhiu mære daz si deste baz
al der werlte suln behagen:
âne grôze miete tuon ich daz.
waz wold ich ze lône?
si sint mir ze hêr:
sô bin ich gefüege, und bite si nihtes mêr
wan daz si mich grüezen schône.

## III

Ich hân lande vil gesehen
unde nam der besten gerne war:
übel müeze mir geschehen,
kunde ich ie mîn herze bringen dar
daz im wol gevallen
wolde fremeder site.
nû waz hulfe mich, ob ich unrehte strite?
tiuschiu zuht gât vor in allen.

## IV

Von der Elbe unz an den Rîn
und her wider unz an Ungerlant
mugen wol die besten sîn,
die ich in der werlte hân erkant.
kan ich rehte schouwen
guot gelâz unt lîp,
sem mir got, sô swüere ich wol daz hie diu wîp
bezzer sint danne ander frouwen.

*Tiusche man sint wol gezogen,*
*rehte als engel sint diu wîp getân.*
*swer si schildet, derst betrogen:*
*ich enkan sîn anders niht verstân.*
*tugent und reine minne,*
*swer die suochen wil,*
*der sol komen in unser lant: da ist wünne vil:*
*lange müeze ich leben dar inne!*

*Der ich vil gedienet hân*
*und iemer mêre gerne dienen wil,*
*diust von mir vil unerlân:*
*iedoch sô tuot si leides mir sô vil.*
*si kan mir versêren*
*herze und den muot.*
*nû vergebez ir got dazs an mir missetuot.*
*her nâch mac si sichs bekêren.*

(I Ihr solltet mich willkommen heißen! Wenn einer etwas
Neues zu verkünden hat, bin ich es. Alles was ihr bisher
vernommen habt, ist nichts dagegen. Wendet euch an mich
jetzt! Freilich verlange ich Lohn. Fällt er einigermaßen gut
aus, sage ich euch wohl etwas, was euch freut. Seht zu, daß
man mir etwas Ansehnliches bietet! – II Ich will den deutschen
Frauen ein solches Lob singen, daß sie mehr denn je in der
ganzen Welt Anerkennung finden sollen. Und natürlich tue
ich das ohne große Entlohnung. Was könnte ich auch verlangen? Sie stehen mir zu hoch darüber. Darum, wie sichs
gehört, bitte ich um nichts weiter als um ihren freundlichen
Gruß. – III Ich habe viele Länder bereist und war wirklich
bemüht, die Besten darin kennenzulernen. Gestraft will ich
sein, könnte ich je mein Herz dazu bringen, daß es an fremder
Lebensweise Gefallen fände! Was nützte es mir, für eine
falsche Behauptung einzutreten? Die Lebensart, die bei den
Deutschen ausgebildet ist, übertrifft alles. – IV Von der Elbe
bis zum Rhein und wieder hierher bis an die Grenze Ungarns
leben gewiß die Besten, die ich in der Welt kennengelernt

habe. Wenn ich Haltung und Schönheit recht beurteilen kann, bei Gott, ich möchte schwören, daß die Frauen hier besser sind als die Damen andernorts. – v Deutsche Männer schon haben Lebensart, wie Engel aber sind die Frauen. Wer sie herabsetzt, kann nicht bei Verstand sein: ich habe keine andere Erklärung dafür. Vorbildliches Verhalten und wahre Minne, wer die finden will, muß in unser Land kommen: da ist alle Herrlichkeit! Könnte ich lange, lange darin leben! – vi Die Dame, der ich lange gedient habe und auch künftig gerne dienen will, gebe ich keineswegs frei. Sie aber bereitet mir nur Schmerzen. Sie weiß mir Herz und Sinn zu verletzen. Gott vergebe ihr, was sie an mir sündigt. Sie kann sich ja noch bekehren.)

Walther tritt in der I. Strophe als jemand auf, der gegen angemessene Entlohnung (*miete*) unerhörte Neuigkeit (*mære*) zu bieten hat. Als Bote? Eher ist an die Auftrumpf- und Heischgeste des fahrenden Literaten, hier des Sang-spruchdichters, zu denken. Diese *mære*, so kündigt er in der II. Strophe an, wird die gesellschaftliche Geltung der *tiuschen frowen* gewaltig steigern, sie wird Frauenpreis sein. Was aber ist dafür füglich (*sô bin ich gefüege*) zu verlangen? Da ist nicht um *miete* zu feilschen; da ist um *gruoz* zu bitten. Frauenpreis ist Minnesängeraufgabe, *gruoz* ist Minnesängerlohn – Walther ist in die Rolle des Minnesängers hinübergewechselt.

Dieser Rollenwechsel ist meist so gedeutet worden: Wenn Walther zuerst als bezahlter Bote oder Lohn-Sänger auf die Bühne springt, so ist das eine gespielte Rolle und Pose, eine »Maskerade« (Mohr), mit der er theatralisch-drastisch, wie er es kann, Aufmerksamkeit auf sich zieht. Hat er diese, kann der große Dichter wieder er selbst werden und seine Preisstrophen vortragen. Anders Kir-cher. Walther tritt in I als der auf, der er zu dieser Zeit tatsächlich ist, als »vagierender Lohnsänger«, der unver-blümt seine Lohnforderung stellt. Er stellt sie auch in II, nur eben jetzt verblümt, eingekleidet in minnesängerische Werbeterminologie, denn »selbstverständlich steht auch

hinter dem Minnesang des Lohnabhängigen ... die Hoffnung auf materielles Entgelt.«

In beiden Interpretationen scheint mir die Pointe nicht
voll erfaßt. Walther ist zum Zeitpunkt fahrender, auf
Entlohnung angewiesener Sangspruchdichter. Als solchem ist ihm Auftritt gewährt. Er stellt sich in der zugestandenen Rolle vor. Daß er die zugehörige Pose hoch-
steigert, mag ebenso bereits Distanzierung anzeigen wie
die doppeldeutige Formel vom *êren bieten* in der Schlußzeile von I. Denn in II gleitet er, wie beschrieben, in die
Rolle des Minnesängers hinüber. Er bietet sich als Minnesänger an. Er will dafür »nur« *gruoz*. Tatsächlich aber ist
dieser *gruoz* etwas viel Umfassenderes als Entlohnung. Er
bedeutet im Symbolsystem höfischer Umgangsformen
gesellschaftliche Anerkennung, in der Minnebeziehung
Dienstannahme. Wenn Walther ihn erbittet, erbittet er
letztlich die Wiederaufnahme an den Hof, und zwar in der
geachteten und währenden Stellung, wie sie mit dem
Minnesänger-›Amt‹ verbunden ist. Er wird diesen
Wunsch, wieder in einer exponierten Schlußzeile, dann
noch deutlicher aussprechen: *Lange müeze ich leben dar
inne!* (V).

Die Strophen III–V enthalten den angekündigten Preis.
Aber Walther preist nicht eine einzelne Dame, auch nicht
die Damen im Plural. Er preist die *tiuschen wîp* und die
*tiuschen man*. Er rühmt auch keineswegs nur deren Minne-
würdigkeit und -fähigkeit, sondern sehr viel umfassender
deren *site* (III), *zuht* (III) und *tugent* (V). Den gesellschaft-
lich-ethischen Zustand aller, von *man unde wîp*, so allgemein zu besprechen, lehrend oder beurteilend, lobend
oder auch tadelnd, ist Thema und Aufgabe des Sangspruchdichters. Deutlich ist jedoch auch, daß Walther
Akzente setzt. Im allgemeinen Preis ist eben doch der
Frauenpreis betont, quantitativ und qualitativ: *rehte als
engel sint diu wîp getân* (V). Und der Sittenpreis begründet
letztlich doch vor allem den Rang der Minne hier zu
Lande: *tugent und reine minne, / swer die suochen wil, / der sol*

*komen in unser lant: da ist wünne vil* ... (v). Auch diese drei Strophen sind also von Walthers Versuch überformt, aus der einen, zugestandenen Sängerrolle mit ihrer Thematik und Aufgabe in die andere, erstrebte hinüberzuwechseln, die sicherer und mit höherem Prestige in die höfische Gesellschaft eingebunden ist, die des Minnesängers.

Den Makel, der ihm zur Zeit anhaftet, nämlich daß er, ohne festen Wohnsitz, zum Fahren gezwungen ist, versucht er zur Tugend zu machen. Sein Fahren hat ihm ›Erfahrenheit‹ eingebracht. Er ist tatsächlich in der Lage, *fremet* und *tiusch* zu vergleichen, besser als der Ortsansässige, und sein Urteil, daß es hier um soviel besser stehe, gerade auch was die Frauen und die Minne anlangt, beruht auf dem Augenschein (*ich hân lante vil gesehen* III). Etwas selbst erlebt und gesehen zu haben, ist anerkanntes Beweismittel.

So ist er wie kein anderer der berufene und notwendige Verteidiger gegen Anwürfe von außen. Denn Walthers Lob der Deutschen ist nicht Ausdruck eines Nationalgefühls im Sinne des 19. Jh. Dafür war unter der Reichsidee und Staatsvorstellung der Zeit kein Raum. Walther antwortete, wie es scheint, auf Spott- und Schmähverse von Trobadors gegen die mangelnde ›Höfischkeit‹ der Deutschen: *swer si schildet derst betrogen* (v). Von Peire Vidal ist der Ausspruch überliefert: »Deutsche, ich sage euch, daß ihr sehr unhöfisch, schurkisch und schlecht seid; denn noch nie erfreute sich an euch jemand, der euch liebte oder der euch diente« (nach Kircher).

In solche weiten Zusammenhänge gestellt, ist Walthers Frauenpreis – wir kennen schon die Forderung, ihn in immer neuer Variation hochzutreiben – tatsächlich etwas Neues, wirkliche *mære*. Und damit schließlich zielt Walther auf Reinmar, der vor allem wohl seiner Rückkehr nach Wien im Wege steht. Reinmar hatte, zugleich beleidigt und selbstbewußt, in den bereits zitierten Eingangszeilen eines Liedes (MF 165, 10), das seinerseits eine große Preisstrophe enthält, dargelegt, daß von ihm keine *niuwe mære* zu erwarten sei, sondern unabdingbar nur die alte Klage (s. o. S. 42 f.). Hier schlägt Walther zu.

Die VI. Strophe ist nur in einer Handschrift (C) überliefert: Hat Walther sie nur bei Gelegenheit des Wiener Auftritts den anderen Strophen angefügt, die zwar auch dorthin zielen, aber doch breiter verwendbar waren? Als eine genauer adressierende ›Geleitstrophe‹? Sie ist, mit den obligaten Motiven auf eine einzelne Dame gerichtet, eine reguläre Minneliedstrophe, während die vorausgehenden Strophen gewollt zwischen Sangspruch und Minnesang changieren. Hatte Walther in ihnen seinen Wunsch und seine Bereitschaft kundgetan, wieder Minnesänger am Ort werden zu wollen, demonstriert die letzte seine nicht verlernte Fähigkeit dazu. Er knüpft betont an die frühere Tätigkeit an. Die Dame ist die, *der ich vil gedienet hân*. Sie ihrerseits ist noch nicht aus ihren Verpflichtungen entlassen (*unerlân*). Klage und Lohnforderung. Die Verweigerung ist Sünde vor Gott und erfordert Umkehr – darin mag sich ankündigen, wie unerläßlich das Entgegenkommen der Dame für Walthers künftigen Minnebegriff ist.

Ein Werbelied in der Gestalt eines Preisliedes, bei dem Walther alle Register zieht, nicht nur die darstellerischen im engeren Sinn: er nützt die Gegebenheiten der Situation ebenso wie die Möglichkeiten der verschiedenen Gattungen und Sängerrollen, und er spielt souverän mit entsprechenden Erwartungen des Publikums. Der Erfolg blieb ihm nach allem, was wir wissen, dennoch versagt, jetzt und später. Die Änderungen, die er nun vorzunehmen beginnt, berühren die Substanz von Minne und Minnesang herkömmlicher Art.

## Neue Akzente im Minnekonzept

### Kritische Fragen und Forderungen an die *frouwe*

*Saget mir ieman, waz ist minne?*
*weiz ich des ein teil, sô wist ichs gerne mê.*

(69, 1 f.: Kann mir jemand sagen, was Minne eigentlich ist?
Wenn ich auch etwas davon zu verstehen meine, so wüßte ich
doch gerne mehr darüber.)

Die Frage ist rhetorisch. Walther spielt dem Publikum
Autorität zu, aber nur um seine eigene Auffassung bestätigen zu lassen:

*minne ist minne, tuot sie wol:*
*tuot si wê, so enheizet si niht rehte minne.*
*sus enweiz ich wie si danne heizen sol.*

(69, 5 f.: Minne ist Minne, wenn sie gut tut. Tut sie weh, heißt
sie zu unrecht Minne. Ich weiß nicht, wie man sie in diesem
Fall nennen soll.)

Hier ist in der Rigorosität mittelalterlichen Definierens
ein erstes Merkmal festgelegt: Minne ist wesensmäßig
Beglückung. Den Glücksgehalt der wahren Minne hat
Walther stellenweise mit *liebe* (als Gegenbegriff zu *leit*)
oder mit der Verstärkung *herzeliebe* (Beglückung im Herzen, im Innersten) gekennzeichnet.

Die Voraussetzung dafür, daß Minne Beglückung ist,
nennt die II. Strophe des Liedes:

*minne ist zweier herzen wünne:*
*teilent si gelîche, sost diu minne dâ:*
*sol abe ungeteilet sîn,*
*sô enkans ein herze alleine niht enthalten.*

(69, 10 ff.: Minne ist das Glück zweier Herzen. Teilen sie zu
gleichen Teilen, ist Minne vorhanden. Wenn aber nicht ge-
teilt wird: ein Herz allein kann die Minne nicht enthalten.)

Zweites Merkmal der Minne ist ihre Gegenseitigkeit. Die *frouwe* hat sich so zu verhalten, daß die Minnebeziehung Beglückung auch für den Mann bedeutet.

Dieser Zustand ist derzeit nicht gegeben, wie Walther im weiteren Verlauf des Liedes (69, 15 ff.) darlegt. Die Last trägt einseitig der Werbende: *Frowe, ich trage ein teil ze swære.* Er bringt ein, was der Minnedienst gebietet. Sie aber sieht über ihn hinweg, er ist ihr *gar unmære* (gleichgültig wie ein Unbekannter). Schlimmer noch, sie vergilt das Süße, das er bietet, mit Bitterem (*süeze siuren*), das Glück mit Leid (*liep umbe leit*); wenn er sie in seinem Preis hoch erhebt (*tiuren*), so ist ihre Reaktion, daß sie aus solcher Höhe nur um so verächtlicher auf ihn hinabsieht (*wider kêre an mîne unwerdekeit*). Diese Klage erhebt Walther sehr pointiert auch im Lied 40, 19, und zwar als Anklage vor der *Frowe Minne,* die aufgerufen wird, ihrem treuen Diener gegenüber der Dame Recht zu verschaffen, die Liebespfeile auch auf sie abzuschießen oder seine Wunden zu heilen (vgl. auch 55, 17–34).

Der Minnende unseres Liedes (69, 1) ist nicht dazu bereit, auf die Unnahbarkeit der *frouwe* und den Entbehrungsschmerz, den diese auslöst, mit einem Trotzdem weiteren unentwegten Dienstes zu antworten und die höfische Vervollkommnung und das entsprechende Selbstwertgefühl (*fröide, hôher muot*), das von der Minne erwartet wird, aus diesem Trotzdem zu gewinnen, wie es die Sänger der hohen Minne propagieren. Er erwartet es aus ihrem beglückenden Entgegenkommen: *wellest dû mir helfen.* Damit fordert er nichts Neues. Letztes Ziel des Werbenden, hatten wir gesagt, bleibt die Erhörung durch die Geliebte, die *fröide,* die daraus entsteht. *Ich engelige herzeliebe bî, / sône hât an mîner vröude nieman niht* (MF 165, 17 f.: wenn ich nicht bei der Liebsten liege, kann ich keine *fröide* weitergeben), hat kein anderer als Reinmar formuliert, und zwar im selben Lied, in dem er die Notwendigkeit der Klage ›beweist‹ (s. o. S. 43). Walther dringt auf etwas, was durchaus in der hohen Minne angelegt ist, nur eben als Teil eines Ganzen, eines sublim-paradoxen Konstrukts, das nur funktioniert, wenn man es unaufgelöst, schwebend in seiner Paradoxie beläßt. Wenn Walther das beglückende Entgegenkommen der Dame »solange noch Zeit ist« (*sô hilf an der zît*) zur Forderung erhebt, und zwar zu einer Forderung, von deren Erfüllung unabdingbar weiterer Dienst abhängt (*ich ... wirde ein ledic man*; vgl. auch 100, 10ff.; 53, 17ff.), so nimmt er die Minne beim Wort, wo sie so nicht beim Wort genommen werden darf, wenn sie als das erotisch-ethische Spiel des Hofes weitergehen soll, das sie bisher war.

Dieser Gedanke ist weiterzuverfolgen. Die Warnung an die Dame, die Walther der angedrohten Dienstaufkündigung anfügt: *dû solt aber einez rehte wizzen, frouwe, / daz dich lützel* (kaum) *ieman baz* (besser) *geloben kan* (69, 20f.), klingt harmlos an dieser Stelle, erweist ihre Sprengkraft aber in einem Lied (*Lange swîgen des hât ich gedâht* 72, 31), das mit großer Wahrscheinlichkeit die ›Preisliedgruppe‹ abschließt: die Aufforderung an einen möglichen jungen Nachfolger im Minnedienst, der Dame, die dann nicht jünger geworden ist, rächend das alte Fell mit Ruten zu gerben (*gêt ir alten hût mit sumerlaten an*), läßt wohl keine Fortsetzung zu. Voraus geht die Drohung, der Minnesänger werde ihr den Dienst seines Frauenpreises entziehen. Über die Folgen, die sie nicht begriffen zu haben scheint, will er sie nicht im unklaren lassen: *jon weiz si niht, swenn ich mîn singen lâze, daz ir lop zergât* (daß es aus ist mit ihrem Ansehen, wenn ich nicht mehr singe). Hatte Reinmar seine Ergebenheitshaltung auf die pointierte Formel gebracht: *stirbet sî, sô bin ich tôt* (MF 158, 28), so setzt Walther drastisch dagegen: *stirbe ab ich* (sterbet si mich AC), *sô ist si tôt*. Frauenpreis ist grundlegend für die Minne. Er läßt die *frouwe* immer wieder als das Ideal aufleuchten, das Minne mit ihren erotischen und ethischen Implikationen auslöst und begründet. Er beschreibt nicht Realität, sondern definiert eine Rolle. Das Minnesangpublikum weiß darum. Solange dieses Wissen im Bereich stillschweigender

Vereinbarung und stillschweigenden Einverständnisses bleibt, kann das Spiel der Minne gespielt und weitergespielt werden. Wenn Walther in der Öffentlichkeit seines Sängerauftritts, vor seinem Publikum offenlegt, daß die Idealität der *frouwe* nur Spielregel, nichts als Definitionssache sei, allein im Frauenpreis des Sängers und durch ihn bestehe – *stirbe ab ich, sô ist si tôt* –, so zeigt er an, daß das alte Spiel nicht weitergespielt werden soll, daß Minne und Minnesang etwas anderes sein sollen.

Frauenpreis soll nicht mehr wie bisher voraussetzungslos gewährt werden. Er ist an Bedingungen geknüpft, die erfüllt sein müssen. Die Grundbedingung kennen wir bereits, und das Lied, bei dem wir stehen (72, 31), entfaltet sie noch einmal überdeutlich am negativen Fall, der zur Ungeheuerlichkeit hinaufstilisiert wird (*hœret wunder, wie mir ist geschehen!*). Es ist die Bedingung der partnerschaftlichen, beglückenden Gegenseitigkeit. Entgegen früherer Erwartung (*dô mich dûhte* [dünkte] *daz si wære guot, / wer was* [war] *ir bezzer dô dann ich?*) hat die Dame sie nicht erfüllt. Sie hat nur genommen, nicht gegeben. Sie hat seinen bemühten, angestrengten Dienst des Preisens (*arebeit*), die Steigerung ihres gesellschaftlichen Ansehens (*werdekeit*) in Anspruch genommen und kommt ihm auch nicht einen ersten Schritt entgegen: *mich enwil ein wîp niht an gesehen.* Gegenseitigkeit, nicht gewährt, wird destruktiv wirksam. Wenn die *frouwe* den Minnesänger zugrunde richtet, begeht sie gesellschaftlichen Selbstmord. Ohne seinen Preis zieht sie künftig den Fluch der Gesellschaft statt ihres Lobes auf sich. Mehr noch: ihr Verhalten bleibt in seiner Auswirkung nicht auf sie und den Werbenden beschränkt. Indem sie sich versagt und damit den Minnesänger zum Verstummen bringt, entzieht sie »Tausenden« die Möglichkeit, aus seinem Singen *fröide,* freudige Selbstbestätigung zu gewinnen. Partnerschaftliche Gegenseitigkeit in der Minne bedeutet, das muß und kann an dieser Stelle deutlich gesagt werden, keinen Rückzug ins Private, sondern ist als wirksamer Faktor des gesellschaft-

lichen Lebens gedacht, nicht weniger als die konventionelle Minne.

Frauenpreis soll nicht mehr voraussetzungslos gewährt
werden, er muß unter Umständen vorenthalten, ja durch
Schelte ersetzt werden. Diese neue Praxis hat Unver-
ständnis, Mißverständnis und Verleumdung hervorgeru-
fen. Man wirft Walther vor allem zweierlei vor. Zum
einen, er habe *ûz gelobet* (45, 8; auch 58, 22), er sei mit
seiner Kunst des Preisens am Ende. Zum anderen, und das
ist ein tödlicher Vorwurf im Minnemilieu, er habe eine
negative Einstellung zu den Frauen: *daz ich ir* [ihrer] *übel
gedenke* (58, 31). Walther setzt sich zur Wehr und klärt
seine Position, auch für uns:

> *nû dar swer tiuschen wîben ie gespræche baz!*
> *wan daz ich scheide*
> *die guoten von den bœsen. seht, daz ist ir haz.*
> *lobt ich si beide*
> *gelîche wol, wie stüende daz?*

(58, 34 ff.: Er soll doch antreten, der je die deutschen Frauen
besser gepriesen hat! Nur eben: ich mache einen Unterschied
zwischen den guten und den schlechten. Seht, das ist es, was
ihre Gehässigkeit auslöst! Würde ich beide unterschiedslos
loben, wo kämen wir denn dann hin?)

Unterscheidung – ein weiteres Stichwort des neuen
Minnekonzepts. Das Motiv ist dem herkömmlichen Minnesang nicht fremd, wird dort aber auf den werbenden
Mann bezogen. Reinmar etwa grenzt sich scharf von
solchen ab, die *mit kündecheit* (mit Kniffen) und *dur versuo-
chen* (nur, um die Dame auf die Probe zu stellen) werben
(MF 162, 18 f.). Walther aber will die Unterscheidung auf
den weiblichen Minnepartner, der bisher zum unantast-
baren Bild der Vollkommenheit stilisiert war, ausdehnen.
Auch bei den Damen ist zwischen *guoten* und *bœsen* zu
unterscheiden je nachdem, ob sie die Verpflichtungen der
Minne zu erfüllen bereit sind oder nicht. Die ganze Trag-

weite solchen Unterscheidens über den Ich-Du-Bereich hinaus hat Walther in der Strophe 48, 25 vorgeführt: *Ich sage iu waz uns den gemeinen schaden tuot.* Der gesellschaftlich-ethische Zustand ist schlecht. Die Schuld tragen die Frauen. Sie unterscheiden bei denen, die um sie werben, nicht mehr nach *übel* und *guot*: sie stärken die *guoten* nicht durch anerkennendes, belohnendes Entgegenkommen, sie halten die *übelen* nicht durch brandmarkendes Ablehnen nieder, ist sicher gemeint (vgl. auch 90, 31–91, 8). Wir sind ihnen gleich lieb *übel alse guot.* Genau damit entziehen sie aber auch den Werbenden die Möglichkeit, die Frauen nach ihrem Wert unterscheiden und sich minnend an die *guoten* halten zu können. Solche wertblinde Gleichmacherei schafft die Orientierungslosigkeit (*waz stêt übel, waz stêt wol?*), an der die Gesellschaft krankt. Unterscheidung dagegen, in der Minne zur Geltung gebracht, und danach verteilt Walther ja seinen Preis, käme allen zugute: *daz gefrumt uns iemer mê, / mannen unde wîben, beiden.*

Er hat die Unterscheidung der Minnepartnerinnen in einer berühmt gewordenen Strophe (48, 38) auf den Begriff gebracht. Er verwendet die herkömmlichen Bezeichnungen *frouwe* und *wîp*, unterlegt ihnen aber einen besonderen Sinn. *Frouwe* gibt in seiner üblichen Bedeutung gesellschaftlichen Rang an: ›Herrin‹, ›Dame‹. *Wîp* ist Geschlechtsbezeichnung, auf dem heutigen Stand der bezeichnungsgeschichtlichen Entwicklung mit ›Frau‹ zu übersetzen. Wenn bisher im Minnesang neben dem häufigeren *frouwe* auch *wîp* verwendet wurde, etwa in der großen Preisstrophe Reinmars, die mit dem Vers beginnt: *Sô wol dir, wîp, wie rein ein nam!* (MF 165, 28), so geschieht das ohne programmatische Entgegensetzung. Anders bei Walther. Sein Spiel mit den Begriffen ist in der Übersetzung kaum wiederzugeben.

*Wîp muoz iemer sîn der wîbe hôhste name,*
*und tiuret baz dan frowe, als ichz erkenne.*
*swâ nû deheiniu sî diu sich ir wîpheit schame,*
*diu merke disen sanc und kiese denne.*
*under frowen sint unwîp,*
*under wîben sint si tiure.*
*wîbes name und wîbes lîp*
*die sint beide vil gehiure.*
*swiez umb alle frowen var,*
*wîp sîn alle frowen gar.*
*zwîvellop daz hœnet,*
*als under wîlen frouwe:*
*wîp dêst ein name ders alle krœnet.*

(48, 38 ff.: ›Frau‹ wird immer der höchste Titel für das Ge-
schlecht der Frauen sein; er ist meiner Meinung nach ehren-
voller als ›Dame‹. Sollte sich irgendeine schämen, Frau zu
heißen und zu sein, die höre sich mein Lied genau an und
wähle dann. Unter den Damen gibt es höchst unfrauliche
Wesen, unter den Frauen schwerlich. ›Frau‹ – Bezeichnung
und Erscheinung haben gleichermaßen etwas überaus Anzie-
hendes. Wie es um die Damen im einzelnen und im ganzen
auch bestellt sein mag, Frau sollte jede von ihnen sein. Ein
Lob, das nicht eindeutig ein solches ist, setzt herab wie
bisweilen die Anrede ›Dame‹. Der Titel ›Frau‹ steht über
allen.)

Der Titel *frouwe,* der im herkömmlichen Minnesang gesellschaftlichen Rang und innere wie äußere Vollkommenheit der Partnerin als selbstverständlich zusam-
menschloß, ist durch das tatsächliche Verhalten von ›Her-
rinnen‹ ins Zwielicht geraten. Dabei hat Walther, wie die
Strophe 49, 12 desselben Liedes zeigt, wieder das Verhältnis der Gegenseitigkeit im Auge und führt sich selbst als
beweisenden Fall an. Es sind die *überhêren,* die den *frouwe-*
Titel diskreditieren, jene Übervornehmen, denen der
Minnesänger nicht einmal mehr einen *blôzen gruoz* abzu-
ringen vermag. Denen wird er mit gleicher herrischer

Schroffheit den Rücken zuwenden und seinen Preis anderen schenken. Es gibt *wîp die kunnen danken* (die sich aufs Entgegenkommen verstehen). Walther verbindet seine Vorstellung verpflichteter, erfüllungsbereiter und damit beglückender Gegenseitigkeit mit dem *wîp*-Begriff, der ohne soziale Einschränkung weibliches Wesen meint. Er erklärt ihn zum höchsten Ehrentitel, höher als *frouwe*. Ihn sich durch entsprechendes Verhalten zu erwerben, muß höchstes Ziel aller sein – also auch der *frouwen,* so muß man folgern. Es liegt nahe, den Vers 49, 8 gegen die Überlieferung entsprechend zu lesen als *wîp sîn* (seien) *alle frowen gar!* Das überlieferte *wîp sint alle frowen gar* (ACe) könnte die Folgerung meinen, alle wirklichen *wîp* dürften mit Recht und ohne Zweideutigkeit den bisherigen Minnesang-Ehrentitel *frouwe* in Anspruch nehmen, sie sind würdige Minnedamen (s. u. S. 65–67.71).

Im Begriff des *wîbes* richtet Walther ein Leitbild auf, dem nahezukommen, das zu erfüllen auch eine Dame von Stand erst bemüht sein muß, wenn sie minne- und preiswürdig sein will. Er entzieht ihr die Möglichkeit, die der bisherige hohe Minnesang geboten hatte, nämlich die in die *frouwe*-Rolle eindefinierte Idealität und das Frauenlob für sich in Anspruch nehmen zu können, nur weil sie und indem sie Dame von Stand ist. Den Merkmalen des neuen Minnekonzepts, Beglückungsbereitschaft, Gegenseitigkeit, Unterscheidung, ist gemeinsam, daß mit ihnen die Verwirklichung der Verhaltensweisen, Normen und Werte gefordert ist, die die Minnebeziehung ausmachen – gerade auch von der Minnepartnerin. Auf Verwirklichung kommt es an. Das Lob soll nicht mehr, spielregelartig von der Wirklichkeit absehend, Idealität definieren, sondern Verwirklichung messen, indem es gewährt oder vorenthalten oder sogar in Schelte verkehrt wird. Das Frauenlob wird zu einem Instrument der Kritik. Setzt man voraus, daß in der *frouwe*-Rolle des Minnesangs nicht nur spezifisch weibliche Eigenschaften umschrieben, sondern Grundwerte der höfischen Gesellschaft insgesamt festgelegt waren, wird die ganze Tragweite der Änderungen Walthers deutlich: er entzieht nicht nur den Damen, sondern der höfischen Gesellschaft die Möglichkeit, sich im Minnesang mit seinem Preis von Idealität so darzustellen, als sei solche Idealität in ihrer Mitte bereits verwirklicht. Walther fordert und mißt Verwirklichung.

## Die Mädchenlieder

Die Lieder der ›Preisliedgruppe‹ richten sich zunehmend kritischer bis zum Bruch an eine *frouwe,* die langen Dienst und neue Forderung unbeachtet läßt. Walther hat dem neuen Minnekonzept aber auch auf positive Weise literarische Gestalt gegeben. Es ist die letzte, provozierende Konsequenz von Überlegungen, wie sie die *wîp-frouwe-*Strophe (48, 38) vorträgt, wenn er in einigen seiner Lieder die *frouwe* durch eine *maget* ersetzt, ein unverheiratetes Mädchen ohne soziale Auszeichnung, von der er *wîpheit* erwartet und die er in solcher Erwartung ehrend mit *frouwe, frouwelîn* anspricht. Kern dieser Gruppe sind die Lieder 39, 11; 74, 20; 49, 25; die Zugehörigkeit anderer (wie 110, 13; 50, 19; 65, 33) ist umstritten.

*Unter der linden* (39, 11) fehlt in keiner Anthologie. Seine Popularität beruht jedoch auf anachronistischem Mißverständnis, wenn man in diesem Lied unmittelbare Liebeserfahrung ausgedrückt sieht, die sich als solche von leer gewordenen Konventionen der höfischen Minne abhebt. Es darf weder der Programmcharakter noch die raffinierte Machart dieser Strophen übersehen werden. In der Mädchenfigur des Liedes ist mit großer Wahrscheinlichkeit die *puella,* die *virgo* vagantischer lateinischer Liebesdichtung anzitiert, wie sie uns etwa in den ›Carmina Burana‹ überliefert ist, und zwar ihre Hingabewilligkeit in einer Natur (*locus amoenus*), in der das Gebot der Liebeslust die Gesetze der Gesellschaft zeitweilig außer Kraft setzen kann. Diese Figur war geeignet, ein wesentliches Moment des neuen

Minnekonzepts, die beglückende Gegenseitigkeit, zu verdeutlichen. Störende Assoziationsmöglichkeiten hat Walther sorgfältig ausgeschaltet. Nicht List, nicht Gewalt hat die Liebeserfüllung eingeleitet, sondern beseligender ›Empfang‹ durch den Mann traf auf freiwillige Liebesbereitschaft des Mädchens: *dâ wart ich enpfangen, / hêre frouwe, / daz ich bin sælic iemer mê* (da wurde mir ein Empfang zuteil – hohe Herrin! [Ehrende Anrede des Mannes? Beglückte Anrufung der Himmelskönigin durch das Mädchen?] – daß ich auf ewig selig bin). Das bestätigt das Mädchen aus eigenem Mund. Der Liebesakt selbst erscheint in mehrfacher Brechung. Der Vorgang ist diskret ausgespart: allein die Spuren, das Blumenbett unter dem Liebesbaum, der rote Mund, weisen auf ihn, und in solcher Darstellung wird er zum Symbol reinen, paradiesischen Liebesglücks. Weiter: das Mädchen erinnert ihn als etwas Vergangenes, dessen beglückende und bestätigende Wirkung aber, und darin unterscheidet sich Minne vom amourösen Abenteuer, bis heute und für immer (*iemer mê*) anhält. Sie weiß, daß das Vorgefallene Geheimnis bleiben muß zwischen ihr, ihm und dem *vogelîn,* und gerade indem sie dies versichert und darauf beharrt, plaudert sie aus, was um Himmels willen (*nu enwelle got!*) niemand erfahren darf. Ein Kunststück erotischer Literatur im enthüllenden Verhüllen! Vorgetragen aber wird dieses Mädchenbekenntnis durch einen Mann, Walther, und zwar in festlicher Öffentlichkeit, das dürfen wir nicht vergessen, und es stellt sich in diesem Rahmen und in der Tradition des Frauen-Rollenliedes als lanciertes Bild gewünschten weiblichen Minneverhaltens dar.

Diesen Charakter zeigt noch deutlicher das Traum-Tanz-Lied *Nemt, frowe, disen kranz* (74, 20). Die Überlieferung läßt verschiedene Fassungen mit unterschiedlicher Pointe erkennen, die vielleicht schon auf Walther selbst zurückgehen. Ich gebe die Strophenfolge von A unter Vertauschung der beiden Schlußstrophen in Übersetzung:

65

I   *Nemt, frowe:* »Nehmt diesen Kranz, Herrin«, so sagte
ich zu einem schönen Mädchen, »ihr seid die Zierde der
Tanzrunde, wenn ihr die schönen Blumen tragt. Hätte ich
ein kostbares Diadem, glaubt mir, euch würde ich es
aufsetzen. Ihr könnt darauf vertrauen, ich meine es wirklich so.

II   *Ir sît:* Ihr seid so schön, daß ich euch den allerbesten
Kranz, über den ich verfüge, schenken möchte: Ich weiß,
wo viele weiße und rote Blumen stehen – dort draußen auf
jener Heide. Dort, wo sie herrlich blühen und die Vögel
singen, sollten wir sie miteinander pflücken.«

III   *Si nam:* Sie nahm das Gebotene an, ganz wie eine
junge Dame. Ihre Wangen wurden rot, – so glüht die Rose
neben der Lilie. Scham trat in ihre hellen Augen. Dennoch: eine schöne Verneigung war ihre Antwort. Das war
mein Lohn. Empfange ich mehr, das behalte ich für mich.

IV   *Mich dûhte:* Mir schien, ich war nie zuvor glücklicher
als da: Blüten regneten vom Baum zu uns herab ins Gras.
Seht, da mußte ich lachen vor lauter Freude. Als ich so
reich beglückt war – im Traum, da brach der Tag an und
ich war wach.

V   *Mir ist:* Wie sie mir begegnete, das zwingt mich,
diesen Sommer allen Mädchen tief in die Augen zu sehen.
Vielleicht finde ich ›sie‹, dann bin ich alle trüben Gedanken los. Wie, wenn sie hier mittanzte? Meine Damen, seid
so gut und lüpft die Hüte ein bißchen! Ach, sähe ich sie
bekränzt vor mir!


Sommer, ländlicher Tanz im Freien, brauchtümliche Gelegenheit erotischer Begegnung. Walther knüpft an diese
Situation an, die dann in Neidharts ›Sommerliedern‹ ty-
pusbildend wird. Ein Mann von ritterlich-höfischen Umgangsformen, dessen Rolle Walther in der Ich-Form vorträgt, reicht einer ländlichen Schönen (*wol getânen maget*)
einen Blumenkranz und wählt sie zur Tanzpartnerin.
Doch ist sie ihm weit mehr. Er spricht sie mit dem Minne-
Ehrentitel *frowe* an und versichert ihr auf Ehrenwort, das

mangelnden Besitz vertreten muß, ihr stände ein Kopf-
schmuck aus *vil edelen gesteinen,* ein Diadem zu. Die
Kranz-Symbolik wird noch weiter geführt. Zum allerbesten Kranz (*schapel*), den er ihr bieten könne und wolle,
seien die Blumen erst noch zu pflücken, draußen auf der
Heide bei Vogelgesang, und zwar von beiden gemeinsam:
*dâ suln wir si brechen beide.* Kranz, Blumenbrechen (*deflora-
tio*), Lustort umschreiben den Wunsch nach Liebeserfüllung. – Nach anderer Interpretation ist es das Mädchen,
das in II (hinter III gerückt) spricht und dieses allerbeste
*schapel* anbietet, nachdem sie zuvor den Kranz des Mannes
angenommen hat, und Walther hätte mit diesem Lied die
erste deutschsprachige ›Pastourelle‹ geschaffen und zugleich im Sinne seines Minneprogramms ungewandelt.
Die Pastourelle schildert den – gelingenden oder auch
mißlingenden – Versuch eines Ritters oder Klerikers, eine
Hirtin oder ein Bauernmädchen mit Worten, Geschenken
oder mit Gewalt zu verführen. – Das Mädchen jedenfalls
erfüllt die doppelte Erwartung, die ihm entgegengebracht
wird. Es nimmt das Angebotene an *einem kinde vil gelîch
daz êre hât,* wie ein »Edelfräulein«, wie eine junge Dame,
die etwas auf sich halten kann und hält. Sie hat den inneren
Wert und verdient die Wertschätzung (*êre*), die das Diadem symbolisiert. Röte tritt ihr in die Wangen, Scham
läßt sie die Augen niederschlagen. Sie hat verstanden, wie
weit der Wunsch des Mannes reicht. Aber sie wendet sich
nicht ab, sondern verneigt sich vor ihm *schône,* mit einer
Zustimmung, die sich nichts vergibt. Inneren Wert und
Liebesbereitschaft, auch wie beides sich nicht gegenseitig
ausschließt, sondern vereint gedacht werden kann, all das
hat Walther reizvoll in der beredt-stummen Mimik und
Gestik des Mädchens aufscheinen lassen. Über ein Mehr
an Lohn will er schweigen und muß doch darüber sprechen – wie das Mädchen in 39, II und ebenso verhüllt-
enthüllend und schützend wie sie. Die Liebeserfüllung
spiegelt sich in den Requisiten des Lustortes ab, in den
Blüten, die auf das Paar herabregnen (*von dem boume bî uns*

*nider an daz gras*), und im Empfinden des Liebenden, der nie glücklicher war als da (*daz mir nie / lieber wurde, danne mir ze muote was*). Auf dem Höhepunkt, als er vor Freude lacht, enthüllt sich das Geschehen – als Traum, dem der Tag ein Ende setzt. Das Traumbild idealer Liebespartnerschaft aber wirkt fort. Es zwingt den erwachten Träumer, eine ›Solche‹ (*einiu*) in der gegenwärtigen Wirklichkeit zu suchen, die wiederum als Tanzsituation angesetzt ist. Er bittet die *frowen,* ihre Hüte aus der Stirn zu rücken, um ihnen prüfend in die Augen sehen zu können. *Owê gesæhe ichs under kranze*: Ach, fände ich ›Sie‹, und sie hätte den bedeutungsvollen Kranz angenommen! So kann die mehrdeutige Schlußzeile gelesen werden. Aus dem Mund des vortragenden Sängers, in der Wirklichkeit seiner Aufführung an einem Hof vernommen, bedeutet das Lied mit seiner Schlußstrophe die Werbung Walthers für sein neues Minnekonzept, das Ersuchen, was noch geträumte Utopie ist, anzunehmen und gesellschaftliche Wirklichkeit werden zu lassen.

Walther ist auf Mißverständnis und Widerspruch gestoßen. Dem Zwang zur Klärung und Verteidigung verdanken wir sein Lied *Herzeliebez frowelîn* (49, 25), in dem er, anders als in den besprochenen beiden ›Liebesglück-Bildern‹, das Programm seiner Mädchenlieder argumentierend, mit den Begriffen des bisherigen Minnesangs und darauf bezogen entwickelt.

I

*Herzeliebez frowelîn,*
*got gebe dir hiute und iemer guot.*
*kund ich baz gedenken dîn,*
*des hete ich willeclîchen muot.*
*waz mac ich dir sagen mê,*
*wan daz dir nieman holder ist? owê, dâ von ist mir vil*
*wê.*

## II

*Sie verwîzent mir daz ich*
*sô nidere wende mînen sanc.*
*daz si niht versinnent sich*
*waz liebe sî, des haben undanc!*
*sie getraf diu liebe nie,*
*die nâch dem guote und nâch der schœne minnent; wê*
*wie minnent die?*

## III

*Bî der schœne ist dicke haz:*
*zer schœne niemen sî ze gâch.*
*liebe tuot dem herzen baz:*
*der liebe gêt diu schœne nâch.*
*liebe machet schœne wîp:*
*desn mac diu schœne niht getuon, sin machet niemer*
*lieben lîp.*

## IV

*Ich vertrage als ich vertruoc*
*und als ich iemer wil vertragen.*
*dû bist schœne und hâst genuoc:*
*waz mugen si mir dâ von gesagen?*
*swaz si sagen, ich bin dir holt,*
*und nim dîn glesîn vingerlîn für einer küneginne golt.*

## V

*Hâst dû triuwe und stætekeit,*
*sô bin ich sîn ân angest gar*
*daz mir iemer herzeleit*
*mit dînem willen widervar.*
*hâst ab dû der zweier niht,*
*son müezest dû mîn niemer werden. owê danne, ob daz*
*geschiht!*

(49, 25: 1 Kleine Herrin, die mich im Herzen glücklich macht, Gott schenke dir heute und immer alles Gute! Könnte ich meiner Zuneigung besser Ausdruck geben, ich wäre dazu wahrlich bereit. Aber was kann ich dir mehr sagen, als daß keiner dich lieber hat. Ach, das bringt mir manchen Kummer. – II Sie werfen mir vor, daß ich meine Lieder so niedrig adressiere. Daß sie nicht begreifen, was Liebesglück bedeutet! Verwünscht sollen sie sein! Wer sich in der Minne nach Reichtum und Schönheit richtet, der hat nie Liebesglück erfahren. Weh über solche Minne! – III Unter schönem Äußeren verbirgt sich oft ein gehässiges Wesen. Hinter solcher Schönheit sei niemand zu eifrig her! Liebevolle Gesinnung berührt uns tiefer. Die Schönheit kommt dahinter. Liebevolle Gesinnung macht die Frauen schön. Soviel Macht hat Schönheit nicht: sie bringt aus sich kein liebevolles Wesen hervor, nie und nimmer. – IV Ich ertrage ihren Vorwurf, wie ich es getan habe und auch künftig tun werde. Du bist schön und du bist reich – was wissen sie schon davon? Was sie auch sagen, ich hab dich lieb! Dein Ring mit dem Glasstein ist mir mehr wert als das Gold einer Königin. – V Hast du Treue und Beständigkeit, dann habe ich keine Angst, daß meinem Herzen je bewußt Leid von dir widerfahren könnte. Hast du sie nicht, müßte ich wünschen, daß du niemals mein wirst. Ach, wenn das der Fall ist!)

Die Kritiker nehmen Anstoß daran (II), daß Walther seine Lieder *sô* (*zuo* nach anderer Lesart) *nidere wende,* und zielen damit in erster Linie auf den niedrigen Stand der Partnerin. Walther setzt ihnen entgegen und betont seinen Ernst mit einer Verwünschungsformel, sie hätten nicht begriffen, *waz liebe sî.* Wir kennen *liebe* als wesentliches Merkmal seines Minnekonzepts; sie meint Beglückungsbereitschaft, die die Liebesbeziehung als Glück erfahren und wirksam werden läßt. Die Kritiker haben auf etwas Nebensächliches (*nider*) abgehoben und das Wesentliche (*liebe*) verfehlt. Sie haben damit ihre eigene erbärmliche Minneauffassung bloßgestellt. Ihre Minne richten sie aus *nâch dem guote und nâch der schœne.* Diese Formulierung ist in ihrem Spiel mit Begriffen von Waltherscher Raffinesse. *Guot* (im Sinne der inneren Vollkommenheit) und *schœne* (als deren sichtbarer Ausdruck) definieren die Idealität der Minnedame. Was die Minne der Kritiker aber offensichtlich bestimmt, ist *daz guot* (im Sinne von Besitz, Reichtum) und eine darauf, auf die Möglichkeit äußeren Aufwands gegründete *schœne*. Es sind sie, die die Idee der Minne veräußerlicht und verraten haben. *Liebe* aber, so sagt die zentrale Mittelstrophe des Liedes (III), stellt die richtigen Verhältnisse her. Äußerliche Schönheit ist häufig mit übelwollender Gesinnung (*haz*) verbunden und besitzt keine Verwandlungskraft zum Guten (*machet niemer lieben lîp*). Umgekehrt jedoch rührt die *liebe,* die liebevolle Gesinnung und Beglückungsbereitschaft der Partnerin, das Innerste positiv an (*tuot dem herzen baz*) und macht die Frauen, von innen nach außen in Erscheinung tretend, wirklich schön (*liebe machet schœne wîp*). Im ersten Vers der I. Strophe hatte Walther die Partnerin angeredet mit *herzeliebez frowelîn* und ihr bereits mit dieser Anrede, das ist sicher nicht überinterpretiert, die entscheidende, wahre Minne begründende Eigenschaft der *herzeliebe* zugesprochen und zugleich den Ehrentitel der *frowe* zuerkannt. Er hatte ihr alles Gute von Gott selbst (noch eine Verwendung von *guot*) gewünscht und sie seiner Zuneigung versichert (*daz dir nieman holder ist*). Jetzt (IV), nach der klärenden Abwehr der Kritik, kann er ihr begründet Weiteres zusprechen: *dû bist schœne und hâst genuoc. Liebe* macht sie nicht nur *schœne* und erfüllt damit eine unverzichtbare Minnebedingung, sondern sogar ›reich‹ genug, da ihr Ring mit dem billigen Glasstein, als Symbol für ihre Einstellung gegeben und entgegengenommen, das Gold einer Königin, den edelsten Besitz der ranghöchsten Dame der Gesellschaft, aufwiegt. Doch ist das Lied noch nicht zu Ende. Die Kritiker waren im Unrecht und zu widerlegen, als sie auf den niederen Stand der Partnerin zielten. Die Gefährdung liegt an anderer Stelle. Walther wendet sich in der Schlußstrophe (V) noch einmal und wie beschwörend dem Mädchen selbst zu: *Hâst dû triuwe und stætekeit* ... Die Verläßlichkeit und Beständigkeit der Beziehung machen Minne zur Minne. Minne soll das ganze Leben bestimmen; das Selbstwertgefühl, das man von ihr erwartet, soll nicht wie im amourösen Abenteuer für den Augenblick, sondern für das ganze Leben gelten.

Davon macht Walther in seinem Minnekonzept keinen Abstrich. Das ist so deutlich zu vermerken, wie Walther es in diesem Lied deutlich machen wollte. Die *maget*-Figur ist mit großer Wahrscheinlichkeit nach der *puella, virgo* vagantischer Dichtung gemodelt, hatten wir gesagt, und steht ein für Hingabebereitschaft, in der die Bereitschaft zu beglückender Gegenseitigkeit gipfelt. Ob sie aber auch *triuwe* und *stætekeit* gewähren kann und will, das ist beschwörend zu erfragen. Wenn nicht, wird sich höchste Glücksverheißung, *herzeliebe,* nicht nur in *leit,* sondern in *herzeleit* verkehren. Dann lieber Verzicht auf Erfüllung. Die letzte Strophe endet mit *owê danne, ob daz geschiht!* Aber bereits die erste Strophe hatte unvermittelt geschlossen mit *owê, dâ von ist mir vil wê.* Walther hat die falsche Kritik seiner Kritiker (*sô/zuo nidere*) scharf zurückgewiesen. Er hat geklärt, worum es ihm geht (*[herze]liebe*). Es gehört zu seiner Größe, daß er im selben Erörterungsvorgang die Spannungen und Gefährdungen, die auch seiner Minnevorstellung innewohnen, nicht verschwiegen, sondern offengelegt hat. Der Schluß dieses Liedes entspricht dem Traum-Schluß des Tanzliedes. Auf den sinntragenden symmetrischen Aufbau (Wendung an die Partnerin – an die Kritiker – Erörterung – Wendung an die Kritiker – an die Partnerin) ist öfter hingewiesen worden. Folgt Walther in seiner Stufung von *guot, schœne, liebe,* die dem herkömmlichen hohen Minnelied fremd ist, einer allgemeineren Güterlehre (*bonum externum, bonum corporis, bonum animi*), vielleicht wieder aus der Sicht des Sangspruchdichters? Elemente finden sich allerdings auch bereits in minnetheoretischen Darlegungen der Zeit (etwa bei Thomasin von Zerklaere oder Andreas Capellanus).

### Neue hohe Minne

Es gibt neben der *maget* eine weitere Gegenfigur zur *überhêren frouwe* der einseitigen Minne. Walther läßt sie mitten in einem Lied der Minnekritik (*Die hêrren jehent*

44, 35) sichtbar werden. Er kennt eine (*ich weiz si . . .*), die im Gegensatz zur Dame, der er noch dient, nicht mit gehässiger Abwehr reagiert (*niht ennîdet*), wenn man unterscheidend *reiniu wîp*, Frauen, die es wirklich sind, heraushebt und das Lob auf sie (*der guoten lop*) einschränkt; denn sie selbst, ein Meisterwerk Gottes in ihrer Makellosigkeit (*reine*) und Schönheit (*schœne*), kann solches Lob in Anspruch nehmen. Sie wird Partnerin einer ›neuen hohen Minne‹, die Walther in einer Reihe von Liedern (wie vor allem 92, 9; 63, 8; 43, 9; 62, 6; weitere Zuordnungen problematischer) vorführt. Diese Minne wird mit den Merkmalen gekennzeichnet, die wir schon kennen. War in der *maget* die beglückende Gegenseitigkeit bis zu deren letzter Besiegelung, der Hingabebereitschaft, gewährleistet, während die grundlegenden ethischen Werte der Minne beschwörend hinzugefordert werden mußten, so steht die ›neue hohe Minnedame‹ fraglos für die ethischen Werte der Minne ein, während um die Liebeserfüllung zu werben ist. Anders allerdings als bei der ›alten hohen Minnedame‹ ist bei ihr die Bereitschaft dazu vorausgesetzt. Man sieht, wie folgerichtig Walther auf verschiedenen Wegen das eine Ziel anstrebt, sein Minnekonzept zu erklären, einzuführen und zur Geltung zu bringen. Ich gebe einige bezeichnende Beispiele.

Wie *Herzeliebez frowelîn* (49, 25) für die Mädchenlieder hat *Ein niuwer sumer* (92, 9) programmatischen Charakter für die Lieder einer neuen hohen Minne und verdeutlicht zugleich das Gemeinsame in beiden Ansätzen. Mehr Zuversicht auf Freude noch als der Frühling, der begonnen hat, schenkt die *frowe mîn*, in der *liebe* und daraus entspringende *schœne* und, beides überhöhend, *rehter muot* (richtige Gesinnung) zusammentreten. Eine Partnerin, die das vereint, steigert Wert und Ansehen (*werdekeit*) des Mannes. Die rechte Bemühung um sie ist süße Anstrengung (*süeziu arebeit*), und diese bereits kann als *herzeliebe*, als Beglückung im Innersten, bezeichnet werden, da sie sich in Gegenseitigkeit auf ein *liebez herze* richtet, das treu, schön, rein und von makelloser Einstellung ist. Hier darf noch *ander liep* über den beglückenden Liebesblick hinaus erwartet werden. Es gilt aber auch: selbst wenn es nicht zur Erhörung kommen sollte, erhöht die *süeze* Bemühung um ein *reinez,* ein *guotez wîp* – und das ist etwas anderes als der Leidens- und Trotzdem-Dienst an der unnahbaren *überhêren* Dame – den Lebenswert und das Ansehen des Mannes (*tiuret doch wol sînen lîp*) und schafft darin die Voraussetzung, daß sogar eine andere lohnen könnte (93, 13). Die neue hohe Minne steht in ihrer ethisch-gesellschaftlichen Wirkung nicht hinter der konventionellen zurück.

Walther hat nach dem Vorbild der romanischen ›fiktiven Tenzone‹ ›Gesprächslieder‹ geschaffen. In einem von ihnen, *Ich hœre iu sô vil tugende jehen* (43, 9), fordern sich die Minnepartner gegenseitig auf, ihre Idealvorstellungen von einander zu formulieren. Der Mann fordert dezidiert (III), daß die *frouwe* ethische Werte, besonders die Beständigkeit (*stœtekeit*) als Krone weiblicher Vollkommenheit (*wîbes güete*), und Beglückungsbereitschaft (im Bild des Lustorts um die Linde) in sich vereinigen soll. Sie soll mit *zühten sîn gemeit* (mit Anstand fröhlich sein), dann treten Lilie und Rose zu einem Bild vollkommener Schönheit zusammen; sie soll *werden gruoz* (ehrender Gruß) aussprechen, aber mit *minneclîchem redendem munt,* der zum Kuß einlädt. Die *frouwe* (IV) fordert in diesem Liebesdisput vom Manne die Unterscheidungsfähigkeit zwischen *übel unde guot,* einen darauf gegründeten aufrichtigen Frauenpreis und angemessenes Begehren (*ze mâze nider unde hô*). Dieses kann Erfüllung finden. In welchem Maße, bleibt verhüllt in der typusgemäßen witzigen Bildrede vom Faden, den keine Frau versagen wird, und dem Seidenstoff, dessen der *guot man* wert ist (ihr Leib in völliger Hingabe? vgl. 62, 36 ff.).

Die alles einzelne übergreifende Erwartung, daß die Partnerin die in der *frouwe*-Rolle umschriebenen Eigenschaften und Verpflichtungen tatsächlich verwirklicht, sie in Gegenseitigkeit wirksam werden läßt, spricht konzentriert und durch ein Wortspiel hervorgehoben Vers 62, 3 5 des Liedes vom Kaiser und Spielmann (62, 6) aus: *vil guot sît ir, wan daz ich guot von guote wil* (Ihr seid vollkommen ›gut‹, aber ich möchte, daß mir ›Gutes‹ aus diesem ›Gutsein‹ erwächst). Hier findet sich auch das beziehungsreiche Bild vom *reinen lîp* (Leib, Leben) der Dame als eines herrlichen Kleides, in das kunstvoll Wertbewußtsein (*sin*) und Glücksempfindung (*sælde*) eingearbeitet sind. Getragene Kleider, Spielmannslohn, hat der Sänger nie angenommen (vgl. o. S. 24.26), dieses Gewand aber nähme er für sein Leben gern. Der Kaiser würde zu ihrem Spielmann für dieses herrliche Geschenk: *dâ keiser spil. nein, herre keiser, anderswâ* (anderswo)! Superlativischer Frauenpreis im Kaisermotiv, Werben, gesellschaftliche Selbstbehauptung und künstlerisches Bewußtsein sind ineinanderformuliert. Auch das Motiv der *wân*-Minne ist in unserem Lied angespielt (62, 16ff.; vgl. auch 184, 1ff.). Das Begehren, das die *frowe, schœne und ouch wert,* auslöst, bringt den Liebenden dazu, die Erfüllung in Hoffnungs- und Wunschphantasien (*wân unde wunsch*) vorwegzunehmen.

Auf den Begriff gebracht ist das Konzept der neuen hohen Minne schließlich im Lied *Die verzagten aller guoten dinge* (63, 8). Der Werbende wünscht sich, in einem Kleid sowohl eine *friundîn* wie auch eine *frowen* anzutreffen, und er bittet die Partnerin um das Recht, sie mit diesen Titeln anreden zu dürfen. *Friundinne* (Geliebte) *ist ein süezez wort,* das von Liebesbeglückung spricht. Im *frowe*-Titel aber sind alle höfischen Werte zusammengefaßt und als Ziel angeboten, das anzustreben und zu erreichen höchste gesellschaftliche Anerkennung einbringt: *doch sô tiuret* (erhebt) *frowe unz an daz ort* (aufs höchste). Er seinerseits bietet ihr zwei *wort* an, mit denen sie ihn anreden soll, die also beinhalten, was er für sie sein kann und will. Es ist der Titel *friunt* (Geliebter), der dem

Titel *friundinne* entspricht und mit diesem zusammen die Bereitschaft zu gegenseitiger Beglückung ausdrückt. Der *frowe* (Herrin) würde im konventionellen Minnesang als männlicher Partner der (*eigen-* oder *dienest)man,* der dienstleistende Untergebene, gegenüberstehen. Das entspricht nicht Walthers Konzept. Er setzt *geselle* (Vertrauter) ein. *Geselle* ist der, mit dem man vertrauensvollfreiwillig verbunden ist, weil man seine Ansichten teilt. Als *geselleschaft* wird später Konrad von Würzburg in seinem ›Engelhard‹ die unerschütterliche Bindung zwischen dem armen Rittersohn Engelhard und dem reichen Herzogsohn Dietrich bezeichnen, die auf der Gemeinsamkeit ritterlich-höfischer Wertvorstellungen und Ziele beruht. Die *frowe*-Eigenschaften sind in der Partnerin gewährleistet, um die *liebe* wird gebeten, aber mit Zuversicht (*ich hân trôst*). Gewährung bringt *fröide.* Diese aber setzt alle ins Unrecht, die den Glauben an die Möglichkeit des Guten in der Gesellschaft verloren haben (*die verzagten aller guoten dinge*) und verurteilt die Widersacher (*bœse, nîdære*) zur Wirkungslosigkeit. Die neue Minne verspricht neuen gesellschaftlichen Aufschwung. So wirbt Walther für sie.

Hier ist das Lied anzufügen, das der Schlüssel für Walthers Minnekonzept sein könnte – wenn es selbst zu entschlüsseln wäre: *Aller werdekeit ein füegerinne* (46, 32). Als Instanz, die lehren und helfen kann, wie man eine umfassende Anerkennung aufgrund seiner inneren Werte (*alle werdekeit, ze hove und an der strâze*) zu erreichen vermag, als Macht, die das »fügen« kann, wird *frowe Mâze* angerufen. *Mâze* bezeichnet die Angemessenheit des Verhaltens in der jeweiligen Situation. Hier geht es um das *ebene werben,* das angemessene Minnewerben. Für die Schwierigkeit und Not ist Walther selbst Zeuge. Er wäre beinahe zugrundegegangen (*vil nâch tôt*), als er ›niedrig‹ (*[ze]nidere*) warb; ›hohes‹ Werben aber (*[ze]hôhe*) – und das ist seine augenblickliche Situation (*nû*) – macht ihn schwerkrank (*siech*). Er befindet sich in der zerstörerischen Macht der *unmâze*.

Die allgemein gehaltenen Aussagen der I. Strophe, in denen mitformuliert ist, wie sehr richtiges Leben (*werben* im weiteren Sinne) vom richtigen Minnen (*werben* im engeren Sinne) abhängt, werden in der II. Strophe präzisiert und weitergeführt. Was versteht man (*heizet*) unter *nideriu* und *hohiu minne*, und warum wirken sie zerstörerisch?

> *Nideriu minne heizet diu sô swachet*
> *daz der lîp nâch kranker liebe ringet*

(47, 5 f.: Nieder nennt man die Minne, die so herabzieht, daß der Mensch auf bloße Sinneslust aus ist.)

Diese Minne endet in einem Leid, das, anders als in der konventionellen hohen Minne, nicht einmal Anerkennung einbringt (*tuot unlobelîche wê*). Walther hat damit sicher nicht die Minne seiner Mädchenlieder gemeint und verurteilt, sondern das unverbindliche amouröse Abenteuer.

> *hôhiu minne reizet unde machet*
> *daz der muot nâch hôher wirde ûf swinget.*

(47, 8 f.: Hohe Minne regt dazu an und bewirkt, daß sich der Geist nach den höchsten Werten ausstreckt.)

Diese Minne winkt ihm jetzt (*nû*), und es scheint bei so positiver Charakterisierung keinen Grund zu geben, ihr nicht zu folgen. Aber die *Mâze* hält sich zurück (*beitet*). Walther schließt sich wirkungsvoll in das ungläubige Staunen des Publikums ein (*mich wundert*). Es bietet sich an, den Ablauf des Liedes bis zu dieser Stelle so zu verstehen: *Nideriu minne* befriedigt den Geschlechtstrieb, es fehlt ihr aber der unabdingbare ethische Gehalt. Sie ist nicht *ebene werben* im Sinne der *mâze*, sie ist *unmâze*. Umgekehrt fehlt der *hôhen minne*, wie sie hier beschrieben ist, das Moment des erotischen Antriebs. Die jeweilige Einseitigkeit der beiden Minneformen wäre in einem Minnekonzept vermieden, wie wir es in den Mädchenliedern und den Liedern der neuen hohen Minne angetroffen haben. Fordert es in seiner Argumentationsweise auch unser Lied? Tatsächlich führt Walther an dieser Stelle einen Kernbegriff seiner eigenen Minnevorstellung ein, *herzeliebe,* aber in einer Formulierung, die das Lied so schwer verständlich macht: *kumet* (kommt) *diu herzeliebe, ich bin iedoch verleitet* (vom Ziel abgebracht). Ist *herzeliebe* hier nicht negativ bewertet? Etwa so: Sie kann als unkontrollierbare »Leidenschaft« in das bestehende Verhältnis hoher Minne einbrechen oder als diese »Leidenschaft« die Balance sowohl in der niederen wie der hohen Minne stören und verhindert damit das Erscheinen der *mâze.* Oder so: Auch und selbst die *herzeliebe* läßt sich nicht mit der *mâze* vereinbaren; auch sie schließt nicht aus, daß dem Liebenden *schade* (Schaden, Verletzung) widerfahren könnte: Absage an die Minne in jeder Form, weil sie sich in keiner Form mit der *mâze* vereinbaren läßt? – Oder kann man doch eine positive Bewertung der *herzeliebe* aus dem fraglichen Satz herauslesen? Etwa so: Es besteht die Gefahr, daß der Minnende bereits durch die sich im Augenblick anbietende hohe Minne *verleitet* sein könnte, bevor die *herzeliebe* kommt (Futur), die die Ansprüche des *ebene werben* und der *mâze* erfüllen würde. Oder so: Auch wenn die voll bejahte *herzeliebe* kommt, ist der Minnende *verleitet,* weil diese Minneform (noch) nicht von der Gesellschaft akzeptiert ist, ihrem Vertreter also nicht die gewünschte Anerkennung verschaffen kann: Werbung also um Verständnis für das neue Minnekonzept und die Lieder, die es vertreten? – Kennzeichnend für Walther ist in jedem Fall der weite Rahmen, in den er seine Minnereflexion stellt. Er fragt nach jenem angemessenen Verhalten (*mâze*), das einem Menschen umfassende, uneingeschränkte gesellschaftliche Geltung und Selbstachtung (*alle werdekeit*) verschaffen kann, und er überprüft vor diesem Ziel und am eigenen Beispiel die Minneformen der Zeit auf ihre Tauglichkeit. Es liegt nahe, diesen Reflexionsstandpunkt mit seiner Position als fahrender Literat in Verbindung zu bringen, der tatsächlich *ze hove* und *an der strâze* zu leben hat, der nicht mehr einfachhin am etablierten Minnewesen teilnehmen kann, der sich aber als Sangspruchdichter aufgerufen und autorisiert fühlt, zur allgemeinen Lebensfrage Stellung zu nehmen, *wie man zer welte solte leben* (8, 10).

## Das neue Minnesangkonzept

Wir haben Walthers Minnekonzept kennengelernt. Man verkürzte die Dimension seiner Änderungen, wollte man sich darauf beschränken. Er hat, umfassender, auch die Funktion der Einrichtung Minnesang neu festzulegen versucht. Wenn man bis dahin über die Minne hinaus das Minnesingen thematisierte, geschah das in folgendem Bezugsrahmen: Ob ich singe, ob ich schweige, wie ich singe, hängt ab vom Gebot oder Verbot der Minneherrin, vor allem aber, in zum Teil komplexer Dialektik, vom Stand meiner Beziehung zu ihr. So heißt es etwa bei Heinrich von Morungen:

> *Wær ir mit mîme sange*
> *wol, sô sunge ich ir.*
> *sus verbôt siz mir,*
> *und ir tæte mîn swîgen baz.*
> *nu swîge aber ich ze lange.*
> *solde ich singen mê,*
> *daz tæte ich als ê.*

(MF 123, 22 ff.: Behagte ihr mein Gesang, dann würde ich für sie singen. So aber hat sie es mir verboten [und mich wissen lassen], mein Schweigen wäre ihr lieber. Jetzt aber dauert ihr mein Schweigen wieder zu lange. Sollte ich wieder singen, ich sänge wie früher.)

Reinmar spürt die Notwendigkeit, seine Dauerklage als etwas, das zu nerven beginnt, vor seinem Publikum zu rechtfertigen; eine Änderung seines Singens, eine *niuwe mære* aber kann nur die Erhörung durch die Dame bewirken (MF 165, 10 ff.).

Walther hat diesen Gedankenkreis, in dem Minnesingen als Teil des Minnedienstes reflektiert wird, durchbrochen. Er legt andere Bedingungen fest.

*Hie vor, dô man sô rehte minneclîchen warp,*
*dô wâren mîne sprüche fröiden rîche:*
*sît daz diu minneclîche minne alsô verdarp,*
*sît sanc ouch ich ein teil unminneclîche.*
*iemer als ez danne stât,*
*alsô sol man danne singen.*
*swenne unfuoge nû zergât,*
*sô sing aber von höfschen dingen.*
*noch kumt fröide und sanges tac:*
*wol im, ders erbeiten mac!*
*derz gelouben wolte,*
*so erkande ich wol die fuoge,*
*wenn unde wie man singen solte.*

(48, 12 ff.: Früher, als man wirklich noch nach den Geboten der Minne lebte, da waren meine Lieder auf Freude gestimmt. Seit es aber eine Minne, die diesen Namen verdient, nicht mehr gibt, singe ich ebenfalls ziemlich unminniglich. Man soll sein Singen immer nach dem Stand der Dinge einrichten! Wenn das ungehörige Verhalten ein Ende hat, werde ich wieder zum höfischen Sang zurückkehren. Der Tag der Freude und der Lieder wird kommen! Glücklich, wer es erlebt! Glaubt mir: ich wüßte dann sehr genau, wann und wie man zu singen hätte.)

*Iemer als ez danne stât, / alsô sol man danne singen.* Damit ist nicht der Stand der Minnebeziehung gemeint. Gemeint ist, wie es die Gesellschaft mit der Minne hält, ob sie diese pflegt oder zugrunde gehen läßt, ob man dem Minnekodex gemäß lebt oder nicht. Und: es ist nicht beliebige

Entscheidung, sondern Gebot der *fuoge* (dessen, was richtig ist, was sich gehört), sein Singen danach einzurichten (vgl. auch 58, 21).

Welche fundamentalen ethischen Forderungen erfüllt sein müssen, damit die höfische Gesellschaft ein positives Selbstbewußtsein (*fröide*) haben kann und im Minnewesen und Minnesang zu repräsentieren berechtigt ist, hat Walther in einer anderen Strophe dargestellt:

> *Waz sol lieblich sprechen? waz sol singen?*
> *waz sol wîbes schœne? waz sol guot?*
> *sît man nieman siht nâch fröiden ringen,*
> *sît man übel âne vorhte tuot,*
> *sît man triuwe milte zuht und êre*
> *wil verpflegen sô sêre,*
> *sô verzagt an fröiden maneges muot.*

(112, 10 ff.: Was soll zärtliches Reden, Singen, Frauenschönheit, Besitz, wenn man keinen mehr findet, der sich um höfische Freude bemüht, wenn man bedenkenlos Böses tut, wenn man zuläßt, daß Treue, Großmut, Haltung und Ehre dermaßen verkümmern: da müssen doch viele verzweifeln an der höfischen Freude.)

Walther droht, sein Minnesingen ganz einzustellen:

> *hie mite sô künd ich in daz:*
> *diu werlt entstê dan schiere baz,*
> *sô wil ich leben*
> *sô ich beste mac und mînen sanc ûf geben.*

(91, 13 ff.: Hiermit gebe ich bekannt: Wenn es nicht bald besser wird auf dieser Welt, werde ich eben leben, so gut ich kann, mein Singen aber werde ich aufgeben.)

Er will seinen Sangesdienst zumindest einschränken auf *reiniu wîp* und *guote man,* von denen er überdies Anerkennung, Gegenseitigkeit erwarten darf (91, 9 ff.). Er will nur noch für *guote liute* singen:

*Lange swîgen des hât ich gedâht:*
*nû wil ich singen aber als ê.*
*dar zuo hânt mich guote liute brâht:*
*die mugen mir wol gebieten mê.*

(72, 31 ff.: Ich hatte mir vorgenommen, lange zu schweigen.
Jetzt werde ich doch wieder singen wie zuvor. Dazu haben
mich Menschen gebracht, die ich schätze. Diese können noch
mehr von mir verlangen.)

Walthers Position läßt sich so zusammenfassen: Ob ich
singe, ob ich schweige, für wen ich singe, wie ich singe,
*fröiden rîche* oder *unminneclîche,* das hängt vom Zustand
der Gesellschaft ab, genauer davon, ob sie die Werte, mit
denen sie sich – gerade auch im Minnesang – präsentiert,
auch tatsächlich verwirklicht. Nur dann ist sie des Minnesangs würdig. Es liegt auf der Hand, wie Walthers Minnesangkonzept mit seinem Minnekonzept konform geht.
Die entscheidenden Kategorien der Werteverwirklichung, der Unterscheidung, auch der Gegenseitigkeit
prägen das eine wie das andere. Walther kann tatsächlich
in einem Satz sagen:

*werdent tiusche liute wider guot,*
*unde trœstet si mich, diu mir leide tuot,*
*sô wirde ich aber wider frô.*

(117, 5ff.: Wenn die Deutschen wieder vorbildlich werden
und wenn die mir entgegenkommt, die mir jetzt Leid zufügt,
dann erst werde ich wieder froh und stolz.)

### Zur Funktion von Walthers Minnesang

Minnesang, der Gesellschaft so zugeordnet und eine Minne vertretend, wie wir sie beschrieben haben, hat eine
andere Funktion als der konventionelle Minnesang. Dieser diente dazu, immer wieder ein Menschenbild zu entwerfen, mit dem die höfische Gesellschaft nach innen und
außen repräsentieren und vorbildliches Verhalten einüben

konnte. Der Vergleich mit der gesellschaftlichen Realität blieb außerhalb des Blickwinkels einer Gattung, die Minne als ›Rollenspiel‹ inszenierte, als ›Ritus‹ oder ›Zeremonie‹ vollzog. Walthers Minnesang nimmt die gesellschaftliche Realität in den Blick; er dringt auf Realisierung und mißt sie kritisch. Nur die Partnerin ist der Minne und des Minnepreises würdig, die zumindest bereit ist zu verwirklichen, was in ihrer Rolle umschrieben ist. Nur die Gesellschaft ist des Minnesangs würdig, die bemüht ist zu verwirklichen, was sein Menschenbild beinhaltet. Minnesang ist nicht mehr nur Repräsentationsmedium, sondern kritischer Gradmesser dieser Verwirklichung. Der erzieherische Impuls, den bereits der konventionelle Minnesang abgibt, wird bei Walther deutlich verstärkt und oft genug in direkten Appell umgesetzt: *diu werlt enstê dan schiere baz* (91, 14). Daß er in seinem Minnesang um Grade allgemeiner, lehrhafter spricht, ist immer schon beobachtet worden.

Weshalb und wozu diese Änderung? – Ideal und Wirklichkeit, Muster und Ausfüllung, Anspruch und Einlösung aufeinander zu beziehen, sie gar messend, beurteilend, richtend, nicht nur lobend, sondern auch scheltend aufeinander zu beziehen, ist eine dem konventionellen Minnesang weitgehend fremde Denkform, die allenfalls auf die Figur des strebenden Minnenden angewendet wird. Es ist aber eine zentrale, gattungsbestimmende, ja gattungskonstituierende Denkform der Sangspruchdichtung, wie wir sehen werden. Es liegt nahe, die Ausprägung des Waltherschen Minnesangs, und zwar nicht nur einzelner Lieder, mit seiner Stellung als fahrender Sangspruchdichter in Verbindung zu bringen. Wenn im Minnewesen ›Tugendadel vor Geburtsadel‹ gehen soll, um eine Formel zu gebrauchen, die Walther so direkt nie ausgesprochen, aber deutlich genug gemeint hat, so ist der teilnahmeberechtigt und konkurrenzfähig, dessen gesellschaftliche Stellung ungesichert sein mag wie die des Fahrenden Walther, der jedoch, wie Walther, auf ein lebenslanges Bemühen um höfische Idealität verweisen kann, das *werben umbe werdekeit* (66, 34; vgl. o. S. 23; u. S. 134; auch 90, 15). In der Romania, auch in minnetheoretischen Abhandlungen ist das Argument des ›Tugendadels‹ bereits bekannt. Als Sangspruchdichter aber verfügt Walther über die literarischen Mittel, einen Minnesang dieser kritisch-didaktischen Richtung aufzubauen, etwa ein verderbtes Jetzt wirkungsvoll vor ein ideales Einst (48, 12) zu rücken. Auch die anderen Literaten unter den Minnesängern, ein Reinmar, Morungen, Hartmann, Neidhart, haben profilierende neue Akzente gesetzt. Gerade im Vergleich damit aber läßt sich erkennen, wie sehr es der Status des fahrenden Sangspruchdichters war, der Walthers Änderungen bestimmte.

Für Erich Köhler war der Minnesang, der ein unentwegtes Streben wider Hoffnung auf Hoffnung formuliert, literarisches Ausdrucks- und kulturpolitisches Aufstiegsmittel des niederen Adels in der Romania, der Ministerialität in Deutschland, am typischsten vertreten in der devoten Minnehaltung Reinmars. In Walthers forderndem Minnesang dagegen artikuliere sich die sozialpsychische Befindlichkeit des »armen, aber freien und daher nicht an einen einzigen Herrn gebundenen Rittertums«. Seine anregenden und einflußreichen Thesen mußten zumindest für den deutschen Bereich korrigiert werden (Bumke, Peters). Hier waren es offensichtlich die großen Adelshöfe, die den romanischen Minnesang übernahmen und als Ausweis gleichwertiger höfisch-ritterlicher Kultur gebrauchten, nicht Sondergruppen im Bemühen um ihren Aufstieg. Erst als die Gattung auch von spezialisierten Literaten betrieben wird, äußern sich in ihm zunehmend gesellschaftliche Spannungen. Aber es sind eher Spannungen, die sich aus dem Literatenstatus ergeben, seine gesellschaftliche Einbindung betreffen. Es gibt einige Hinweise auf geburtsrechtliche Ansprüche Walthers; sie schließen sich allerdings zu keinem deutlichen Bild seiner sozialen Herkunft zusammen, wie wir gesehen haben (vgl. o. S. 22 ff.). Wenn Walther offen Absicherung und Anerkennung fordert, dann beruft er sich dabei auf seine höfischen und vor allem auf seine Sängerqualitäten, deren Rang er kennt. Er spricht in erster Linie für sich selbst als den Sänger, der trotz so großen Könnens (*bî rîcher kunst*) in so erbärmlichen Verhältnissen (*alsus armen*) zu leben gezwungen ist. Das ist die eine Seite. Wenn er in seinem Minnesang die Verwirklichung der höfischen Ideale für unabdingbar und entscheidend erklärt, so tritt er damit für ein so allgemeines Prinzip gesellschaftlicher Anerkennung und Geltung ein, daß er eine Tür nicht nur für sich selbst aufstößt. Das ist die andere Seite.

Direkter hat Wolfgang Mohr Walthers Minnesang auf die soziale Lage des fahrenden Sängers bezogen. Meint das Werben um die Minnepartnerin ab der Preisliedgruppe nicht eigentlich das Werben um einen Mäzen, um Anstellung an einem Hof, um Dienst bei einem adeligen Herrn? Sind die Motive des sich Versagens und der Gewährung, des Bittens und Drohens, Preisens und Scheltens nicht in diesem Sinne zu verstehen? – Die allegorische Gleichung *frouwe* = Dienstherr geht in den Liedern auf, muß aufgehen, in denen die Minne als Dienst-Lohn-Verhältnis formuliert ist und deshalb als das reale Dienst-Lohn-Verhältnis von Sänger und Herr gelesen werden kann. Die These verliert dort und damit insgesamt an Glaubwürdigkeit, wo Walther von der Partnerin die Bereitschaft zu wertbewußter und beglückender Gegenseitigkeit fordert und diese betont als erotische Erfüllungsbereitschaft formuliert wie besonders in den Mädchenliedern. Walthers Minne meint Frauenminne, *gedenken an guotiu wîp* (42, 16), und wird als solche den potentiellen Veranstaltern von Minnesang, den *rîchen* und *jungen* (den hofhaltungsfähigen Mächtigen und ihrer jungen Mannschaft 42, 36) angepriesen. Walther wirbt um Aufführungsgelegenheiten. Er ist darauf angewiesen. Aber er wirbt nicht, indem er seinen Minnesang zum allegorischen Bittlied um Herrengunst macht, sondern indem er

ihn als Frauenminne-Sang so umformt, daß seine ange-
stammte Wertaura dem fahrenden Sänger ebenso zugute
kommen kann wie seinem adeligen Publikum.

Denn das ist abschließend zu betonen: Wenn Walther in
seinem neuen Minnesang messend auf Verwirklichung
dessen dringt, was in den Minnerollen vorgeschrieben ist,
und sich in diesem Punkt als minneberechtigt und gesell-
schaftswürdig darstellt, so spricht er wohl für sich selbst.
Er ist Advokat seiner selbst nicht nur in seiner Sangspruchdichtung, sondern auch in seinem Minnesang. Das
hat nach Mohr, dessen Allegorie-These aufgreifend, besonders Alois Kircher herausgearbeitet und betont. Hier
war ein zu unrealistisches Bild des Minnesängers Walther
zu korrigieren. Aber Walther spricht nicht nur für sich
selbst. Der Tugendadel, um noch einmal diese Formel zu
gebrauchen, der Tugendadel, den Walther in seinem Minnesang fordert und für sich beansprucht, kann berechtig-
terweise auch, ja gerade auch vom Geburtsadel gefordert
werden. Der Geburtsadel kann sich dieser Forderung
nicht entziehen, besonders dann nicht, wenn er weiterhin
mit der Gattung Minnesang repräsentieren will, in der er
die beschriebenen *tugende* immer schon für sich behauptet
hatte. Walther spricht seiner neuen Minne und seinem
neuen Minnesang die Fähigkeit und Kraft zu, den gegenwärtigen Verfall der höfischen Werte und Sitten, der die
Gutgesinnten mutlos und die Schlechtgesinnten keck
macht, überwinden zu helfen und die höfische Gesellschaft zu begründetem neuen Selbstbewußtsein (*fröide,
hôher muot*) zu führen. Mit demselben Programm, mit
dem Walther Anwalt seiner selbst ist, ist er auch Anwalt
eines funktionierenden gesellschaftlichen Zusammen-
spiels und einer wirksamen höfischen Kultur. Er hat die
ständische Grundordnung seiner Zeit nicht angetastet.
Die höfische Lebensform (*hövescheit*) ist ihm Maßstab
schlechthin und »Bauern« (*gebûren*) Schimpfwort für die
Verfasser unziemlicher (*ungefüeger*) Lieder, die er vom
Hof verstoßen wissen möchte (64, 31). Innerhalb dieser

Grenzen aber entwirft sein neuer Minnesang ein Modell, in dem die Verwirklichung der höfischen Werte zählen, in dem die *guoten liute* zu gesellschaftlicher Geltung und Wirkung gebracht werden sollen. Das ist kein bequemes Programm, weder für Walther selbst noch für die höfische Gesellschaft. Daß er darauf bestand, ist einer der Punkte, die ihn lesenswert machen bis heute.

## Vielfalt

Wir haben die Darstellung des Minnesängers Walther auf Lieder, zum Teil sogar auf einzelne Strophen und Verse beschränkt, die sein neues Minne- und Minnesangkonzept deutlich zum Ausdruck bringen. Diese stehen inmitten weniger geprägter, konventionellerer Lieder, Strophen und Verse. Es ist das Recht historischer Rückschau, das Neuartige und Eigene herauszuheben und zu betonen. Es darf aber auch die Gefahr nicht verschwiegen werden, daß wir dabei vielleicht zu sehr zum System stilisieren, was bei Walther, für ihn selbst und gegenüber seinem Publikum, eher probierende Vorstöße gewesen sein mögen. Das Lied *Saget mir ieman, waz ist minne?* (69, 1; s. o. S. 56 ff.), in dem Walther wesentliche Momente seines Konzepts entwickelt, endet mit einem – allerdings wohl nicht ernst gemeinten – Widerruf: *wê waz sprich ich ôrenlôser ougen âne?* (ich tauber Blinder). Das buntere Bild des Überlieferten mag sich weiter auch daraus erklären, daß der Fahrende vor wechselndem Publikum sang und daß er auch bei Zuhörerschaften mit geprägter Minnetradition wie im Wien Reinmars wohl nur mit einem Kern von wirklichen Kennern rechnen konnte.

Für diese und jene Lieder aber verfügt Walther über ein Register von Darstellungsmitteln, dessen Breite kein anderer Sänger der Zeit erreicht hat. Auch darauf konnte nur gelegentlich und kann jetzt nur summarisch hingewiesen werden.

Kurze, einfache, schlichte Strophenformen stehen neben langen, komplizierten, anspruchsvollen und weisen auf die Vielgestaltigkeit der nicht erhaltenen Singweisen, auch auf die kennzeichnende Wechselwirkung zwischen Minnesang und Sangspruchdichtung in seinem Œuvre. Man hat gerade auch für ihn zahlensymbolische Beziehungen zwischen den Versen und Takten seiner Strophen festgestellt. Walther, der sich in vielem beweisen und manchem etwas bieten mußte, war auch zum Reimkunststück bereit: er reimte in einem fünfstrophigen Lied jede der siebenzeiligen Strophen auf nur einen der Vokale *â, ê, î, ô, û* (75, 25) und führte in einem anderen (47, 16) ein wahres Glockenspiel auf, indem er auch die Binnensilben in den Reim einbezog. Daß solches Ausnahme blieb, zeigt, daß sich seine elaborierte Formkunst noch nicht zum Formalismus der Späteren verselbständigt hat, sondern inhaltlichen Anspruch unterstreichen will.

Die Skala der sprachlich-literarischen Ausdrucksmittel, mit denen der Meister der Aufführungskunst sein Publikum beherrscht, ist nicht weniger breit. Allein schon die zitierten Texte können einen Eindruck davon vermitteln. Delikateste Anspielung, aussparende Andeutung, Rätsel und provozierendes Beim-Namen-Nennen; nüchternes, argumentierendes, definierendes Belehren und emotionales oder listiges Beeinflussen mit allen Mitteln der Rhetorik, Schulstube und Gerichtssaal; hohes ethisches Pathos und bekrittelnde Unterstellung; zärtliche Anrede, feierliche Beschwörung, scharfe Kritik, unflätige Beschimpfung; Humor, Ironie, kabarettistische Selbst- und Fremdpersiflage ...

*Rîchiu kunst* auch in der Verwendung von Liedtypen. Walther hat wie die anderen Minnesänger die ›Minnekanzone‹ bevorzugt, in der die Minne aus der Sicht des werbenden Mannes in der Ich-Form reflektiert wird, bei ihm allerdings zum Teil in kritischer Wendung gegen die konventionelle hohe Minne. Er hat auch die Sonderform des ›Preisliedes‹ im Repertoire, in dem häufig nicht nur die Dame gelobt, sondern auch der Sängerkonkurrent überboten werden soll. Glatter als im ›Preislied‹ (56, 14; vgl. o. S. 49 ff.) erfüllt sich diese Form in seinem *Si wundervol gemachet wîp* (53, 25), das mit dem gewagten Blick auf die Schöne endet, da sie nackt aus dem Bade tritt. – Walther nützt die Möglichkeiten des ›Frauenliedes‹ (113, 31; 39, 11) und der ›Frauenstrophe‹ (111, 32), die Partnerin nach seinem Wunsch, aber mit ihrer Autorität und Glaubwürdigkeit sprechen zu lassen (vgl. o. S. 48 f.). Sind die Männerstrophe 111, 22 und die Frauenstrophe 111, 32 noch in der althergebrachten, vorromanischen Weise des ›Wechsels‹, zweier Monologe über denselben Gegenstand, verknüpft, so stellen drei seiner Lieder (85, 34; 70, 22; 43, 9) disputationsartige ›Dialoge‹, ›Gesprächslieder‹ dar, die nach dem Modell der romanischen ›fiktiven Tenzone‹ geformt sind (vgl. o. S. 74). Im ›Botenlied‹ (MF 214, 34 = Walter-Ausg. S. 164; dazu Reinmar MF 178, 1) vermittelt ein Bote, was die Liebenden einander zu sagen wünschen und, durch Raum, Verbot oder Hemmung getrennt, einander nicht sagen können; es bildet darin die Grundsituation der Minne ab. – Der ›Pastourelle‹ hat Walther zumindest Züge entnommen (74, 20; vgl. o. S. 67) und noch weitere szenische, erzählende Elemente in die Mädchenlieder eingebaut, also auch das ›genre objectif‹ neben dem ›genre subjectif‹, dem reinen Reflexionslied, gepflegt. Auch ein ›Tagelied‹ Walthers (88, 9) ist überliefert. Das Morgenlicht, das dieser weltliterarischen Gattung in der Romania den Namen gab (*alba*), und der Wächterruf zwingen die Liebenden, die heimlich eine verbotene Liebesnacht verbracht haben, zur Trennung, zur Klage, zum Treuebekenntnis. Das vorliegende Lied wirkt besonders auf dem Hintergrund der Tagelieder Wolframs von Eschenbach (MF XXIV) allerdings so schulmäßig schematisch, daß man es Walther absprechen oder als Parodie auffassen wollte. – Zur Spannweite des Waltherschen Minnesangs gehört schließlich, daß er ihn in nicht wenigen Liedern zur

Lehrhaltung und gesellschaftskritischen Thematik der Sangspruchdichtung hin ausgeweitet hat (vgl. o. S. 83 f.).

Man kann Jacksons Urteil, Walther sei der »bei weitem vielseitigste der mittelalterlichen Lyriker« bereits übernehmen, noch bevor der Sangspruchdichter und Verfasser der späten Gesänge behandelt ist.

# WALTHERS SANGSPRUCHDICHTUNG

## Die Tradition

Die Tradition, in der Walther als Sangspruchdichter steht, ist weniger gut zu greifen. In deutscher Sprache ist uns außer einigen anonymen Strophen ein Corpus von Sangsprüchen unter dem Namen *Spervogel* in den schon vorgestellten Handschriften A und C und in J, der Jenaer Liederhandschrift überliefert (Universitätsbibliothek Jena; Pergament; wohl Mitte 14. Jh.; 28 Autoren und der ›Wartburgkrieg‹; Singweise auch zu Spervogel). Ich verwende zur Abgrenzung von der gesprochenen Spruchdichtung, wie sie uns etwa in Freidanks ›Bescheidenheit‹ (Anfang 13. Jh.) überliefert ist, den Terminus ›Sangspruchdichtung‹, ohne mich hier auf weitere terminologische Probleme einlassen zu können. Einflüsse aus dem außerdeutschen Bereich, besonders aus der Romania und dem Mittellateinischen, müssen angenommen werden, sind aber angesichts eines gemeinsamen europäischen Fundus an Spruchgut nach Umfang und Wegen noch undeutlich.

Aus dem genannten Corpus hebt sich nach Sprache und Verstechnik eine ältere Reihe (um 1150–1180) heraus, die wir nach einer möglichen Selbstnennung (MF 26, 21) einem Autor Herger zuordnen. Sie gliedert sich wohl schon nach der Intention des Autors in sechs Gruppen von je fünf Strophen (drei in der letzten), die nach Inhalt oder literarischem Verfahren näher zusammengehören, wobei jedoch die einzelne Strophe eine in sich abgerundete Aussageeinheit darstellt. Herger handelt ausführlich von den Nöten des Fahrendendaseins, der Besitzlosigkeit und Unbehaustheit, die insbesondere im Hinblick auf das Alter zu schaffen machen. Aus der Klage erwächst die Bitte an

freigebige Herren. Im Gönnerpreis nennt er Lebende und
Tote mit Namen. Weiter lehrt er allgemeine Lebensweisheit und kleidet sie zum Teil in Tierbeispiel und -fabel.
Einen großen Raum nehmen seine religiösen Sangsprüche
ein, in denen er bildhaft-eindringlich die grundlegenden
Heilstatsachen vorführt. Alle Strophen aber sind in einem
einzigen Ton verfaßt. Ein Beispiel:

*Swie daz weter tuo,*
*der gast sol wesen vruo.*
*der wirt hât truckenen vuoz*
*vil dicke, sô der gast muoz*
*Die herberge rûmen.*
*swer in dem alter welle wesen*
*wirt, der sol sich in der jugent niht sûmen.*

(MF 27, 6: Gleich wie das Wetter ist, vom Gast wird erwartet,
daß er früh aufsteht. Sehr oft behält der Hausherr trockene
Füße, während der Gast die Unterkunft verlassen muß. Wer
im Alter selbst Hausherr sein will, darf in der Jugend nicht
säumig sein.)

Einer jüngeren, aber doch wohl noch vor Walther zu
datierenden Reihe von Sangsprüchen hat man den überlieferten Verfassernamen Spervogel belassen. Auch er
beklagt die Armut und das Angewiesensein des *gastes* auf
das Wohlverhalten des *wirtes,* und auch er mahnt zur
Freigebigkeit, aber in einer allgemeineren Weise, ohne zu
heischen und Gönnernamen zu nennen. Die Lebensweisheit, die er lehrt, ist nach Inhalt und Darbietung gezielter
auf ein adeliges Publikum ausgerichtet, dem er sich als
Ratgeber anpreist. Die religiöse Thematik fehlt. Auch er
verfaßt alle Strophen in einem einzigen Ton (die Singweise in J ursprünglich?). Im folgenden eine ›Priamel‹. Die
gereihten Beispiele zielen auf die Angemessenheit der
Mittel als ihr Gemeinsames:

*Wan sol die jungen hunde lâzen zuo dem bern*
*und den rôten habech zem reiger, welle ers gern,*
*und elliu ros zurstun slahen, [?]*
*mit linden wazzern hende twahen,*
*mit rehten triuwen minnen got, und al die welt wol êren,*
*und neme ze wîsem manne rât und volge ouch sîner lêre.*

(MF 20, 9: Man soll junge Hunde auf den Bären loslassen und den roten [jungen] Habicht auf den Reiher, wenn er es wagt. Man soll alte Rosse zu den Stuten stellen [?], mit weichem Wasser die Hände waschen, mit Aufrichtigkeit Gott lieben und alle Menschen ehren. Man hole sich Rat bei einem weisen Mann und folge dann auch seiner Lehre.)


## Konturen der Sangspruchdichtung Walthers

### *Neuerungen*

Walther hat die Sangspruchdichtung formal und inhaltlich weiterentwickelt, als er sich ihr 1198, vom Wiener Hof entlassen und zum Fahren gezwungen, zuwandte.

Der gelernte, geübte, schon profilierte Minnesänger fand die Sangspruchdichtung in einer formalen Gestalt vor, die der frühen einheimischen ritterlichen Liebesdichtung entsprach und die im Minnesang bereits durch romanische Vorbilder ersetzt worden war. Seinen wahrscheinlich ersten Sangspruchton, den Reichston (8, 4–9, 39), baute Walther noch aus Reimpaaren (aa bb ...) mit betonter langer Schlußzeile; die übrigen Sangspruchtöne nähern sich und folgen der modernen Minneliedstrophik mit ihrer dominierenden Dreiteiligkeit aus Stollen, Stollen, Abgesang samt den Variationsmöglichkeiten. Reiner Reim und, mit akzentsetzender Ausnahme, regelmäßiger Wechsel zwischen Hebung und Senkung statt Füllungsfreiheit werden zur Regel.

Wichtiger ist: Der Sangspruchdichter vor Walther verfaßte alle seine Strophen mit deren verschiedenartiger

Thematik und Gestaltung in einem einzigen Ton, er trug
sie nach einer einzigen Singweise vor. Diese war autorbe-
zogen; sie kündigte an: jetzt singt Herger, jetzt singt
Spervogel. Walther brach mit diesem Prinzip. Er schuf,
einige Sonderfälle wie den einstrophigen ›Tegernsee-
spruch‹ (104, 23) abgerechnet, 13 Spruchtöne, für die wir
in der Regel noch Simrocks Namen von 1870 verwenden.

| | | | |
|---|---|---|---|
| 1. | Reichston | (8,4–9,39) | (3 Str.) |
| 2. | Erster Philippston | (18,29–20,15) | (5 Str.) |
| 3. | Wiener Hofton | (20,16–26,2) | (14 Str.) |
| 4. | Erster Atzeton (Zweiter Thüringer Ton) | (103,13–104,22) | (3 Str.) |
| 5. | Zweiter Philippston | (16,36–18,28) | (5 Str.) |
| 6. | Leopoldston (Zweiter Atzeton, Erster Thüringerton) | (82,11–84,13) | (6 Str.) |
| 7. | Ottenton | (11,6–13,4) | (6 Str.) |
| 8. | Meissnerton | (105,13–106,16) | (3 Str.) |
| 9. | Unmutston (Zweiter Otten-ton) | (31,13–36,10) | (18 Str.) |
| 10. | König Friedrichston | (26,3–31,12) | (11 Str.) |
| 11. | Bognerton | (78,24–82,10) | (17 Str.) |
| 12. | Kaiser Friedrichston (Engel-brechtston) | (10,1–11,5; 84,14–85,24) | (11 Str.) |
| 13. | König Heinrichston (Rügeton) | (101,23–102,28) | (3 Str.) |

Wie stehen die Strophen ein und desselben Tones zueinan-
der? Was bedeutet der Ton, wenn der Sangspruchdichter
nicht mehr nur einen, sondern mehrere verwendet? Diese
Fragen werden bis heute diskutiert. Zwei extreme Antworten lassen sich denken und sind vertreten worden.
Besonders die ältere Forschung hat die Selbständigkeit
und Abgeschlossenheit der einzelnen Sangspruchstrophe
nach Aussage und Darstellung betont und zu einem wich-
tigen Gattungsmerkmal bis zu Walther hin und über ihn
hinaus erklärt, das vom Minnelied abgrenze. Nun läßt
sich aber nicht übersehen, daß Walther die Möglichkeit
erweiterter, beziehungsreicherer Aussage durch Stro-
phengruppenbildung, die sich schon bei Herger angedeu-

tet hatte, genützt und in seiner Darstellung – eben durch die Erfindung mehrerer Töne, aber auch durch stilistische Klammern – betont hat. Die drei Strophen des Reichstons, der in der Diskussion eine paradigmatische Rolle spielte, nehmen zum selben Thema, dem Doppelkönigtum ab 1198, Stellung und sind von der ersten Zeile an parallel gestaltet, wenn sie mit einem *Ich saz, Ich hôrte, Ich sach* beginnen. Es war der Reichston, der Friedrich Maurer zu der These veranlaßte, die Sangspruchtöne Walthers stellten nahezu ausnahmslos »liedhafte Einheiten« dar. Er betitelt seine Edition von 1954 programmatisch mit ›Die politischen Lieder Walthers von der Vogelweide‹, 1960 mit ›Die religiösen und die politischen Lieder‹. Der 2. Band, 1962, heißt: ›Die Liebeslieder‹. Zweifellos hat bei Walther das Muster des mehrstrophigen Minnelieds, das jeweils einen eigenen Ton hat, auf die Gestaltung seiner mehr-tonigen Sangspruchdichtung eingewirkt, aber in Grenzen. Die drei Strophen des thematisch so einheitlichen Reichstones sind nacheinander je zu aktuellem Anlaß in einem Zeitraum von drei Jahren entstanden, konnten also keinem voraufgehenden Liedplan folgen; das Spätere wurde nachträglich dem bereits Vorliegenden zugeordnet und angepaßt. Was sich in vielstrophigen Sangspruchtönen, die schon in der Strophenzahl das Maß des Minneliedes weit überschreiten, an verschiedenartigen Themen, Einstellungen und Darstellungsweisen zusammenfindet, läßt sich vollends nicht als »liedhafte Einheit« fassen, selbst wenn wir nicht mit heutigen Maßstäben messen und zugestehen, daß auch das Minnelied seine Strophen lockerer fügt. Der Wiener Hofton (20, 16–26, 2) zum Beispiel enthält in der Reihenfolge der Handschrift C:

1. Lehre über die Wertetrias Besitz (*guot*), gesellschaftliches Ansehen (*êre*) und Gottes Huld (*gotes hulde*) angesichts des niedrig gesinnten Reichen und hoch gesinnten Armen. 2. Eine Bittstrophe an den sich versagenden Wiener Hof. 3. Schelte gegen die Welt in ihrem bösen, verkehrten Zustand. 4. Einen Wächterruf angesichts der

Zeichen des Jüngsten Tages. 5. Belehrung über rechtes christliches Verhalten angesichts der Gleichheit aller Menschen vor Gott. 6. Lehre über die Wertetrias im Hinblick auf unrecht erworbenes Gut. 7. Lehre über die Wertetrias als Jugendlehre. 8. Zeitklage über die von Generation zu Generation böser werdende Welt. 9. Belehrung über rechte Kindererziehung. 10. Klage über das unhöfische Verhalten der jungen Ritter und dessen Duldung. 11. Einen morgendlichen Reisesegen. 12. Ein Klagelied des verfallenden Wiener Hofes. 13. Klage über die politische Anmaßung der Geistlichkeit in der Doppelwahl als Folge der Konstantinischen Schenkung. 14. Lob des freigebigen Wiener Hofes.

Im selben Ton findet sich enger Zusammengehöriges (wie die dreifache Wertelehre), Vereinbares (wie die Zeitklagen im religiösen und höfischen Horizont oder die Kinder- und Jugendthematik), Vereinzeltes (die Konstantinische Schenkung, der Reisesegen) und sogar Gegensätzliches (Lob und Tadel des Wiener Hofes). Es gibt bei Walther offensichtlich verschiedene Grade und Typen der Beziehung von Sangspruchstrophen, verschiedenartig von Ton zu Ton wie auch innerhalb eines Tones. Tervooren hat sie als »Lieder«, »Strophenketten und -kreise« (je nach Themenentwicklung oder -umkreisung), lockere »Strophenreihen« und abgeschlossene »Einzelstrophen« klassifiziert.

Wie aber erklärt sich dieses Bild gestufter Zusammengehörigkeit bzw. Nichtzusammengehörigkeit? Hatte schon Maurer mit der Möglichkeit von ›Geleitstrophen‹ nach romanischem Vorbild gerechnet, in denen ein thematisch allgemeinerer Vortrag auf ein spezielles Publikum bezogen wird, so bauen Moser und Tervooren diesen Hinweis auf wechselnde Aufführungssituationen aus. Es sei anzunehmen, daß der Sänger je nach Gelegenheit nicht nur Eingangs- und Schlußstrophen, sondern auch Kernstrophen eines Tones wegließ, hinzufügte oder in der Abfolge veränderte und damit seine Aussage modifizierte. Das Überlieferungsbild spiegele eine derartige »okkasionelle« und »variable« Praxis. Wir haben dafür keine direkten Belege. Aber es erscheint sachgerecht, die Erklärung nicht auf textästhetischer Ebene, sondern auf der Ebene des Sängerauftritts anzusetzen, wie es sich auch beim Minnesang bewährt. Vielleicht kann man auf diesem Weg noch einen Schritt weitergehen. Wenn man annimmt, daß Walther wie der ältere Sangspruchdichter vor einem bestimmten Publikum nicht ein umgrenztes Thema abhandeln, sondern thematisieren wollte, was er in diesem Publikum an dauernden und gerade aktuellen Bewußtseinsinhalten, an verschiedenartigen Interessen und Bedürfnissen, Hoffnungen und Befürchtungen und zugleich an Erwartungen gegenüber einem Sängerauftritt voraussetzen konnte, dann mögen manche Strophen ein und desselben Tones, die verschiedenen Vortragsgelegenheiten anzugehören scheinen, doch beim selben Auftritt vor demselben Publikum erklungen sein. Es ist wohl nicht abwegig, in dieser Beziehung an die Auftritte heutiger Volkssänger, Büttenredner und Liedermacher zu denken. Für bedeutende dieser Gelegenheiten wird Walther ehrend einen eigenen Ton erfunden und dessen Anspielungsmöglichkeiten auch bei späteren Auftritten vor derselben und anderer Zuhörerschaft, mit demselben oder variiertem Strophenbestand genutzt haben. Diese Vorstellung deutet sich ja bereits in den Tonbenennungen Simrocks an. Daß ein Ton eine homogene Thematik umschließt, ist Sonderfall. Die Verwendung mehrerer Töne ermöglicht Walther also vielfältigere und gezieltere Anspielungen gegenüber dem Prinzip der Vorgänger und ist zugleich Erweis höherer Kunstfertigkeit.

Walther hat aber auch den Themenbereich bisheriger Sangspruchdichtung verändert und erweitert. Er singt, wie es dort geschah, von der Fahrendenexistenz und wendet sich bittend und dankend, preisend und scheltend an Auftraggeber. Seine Lebenslehre ist noch betonter als bei Spervogel Hoflehre, die das Thema Minne einschließt. Die religiöse Thematik ist gegenüber Herger noch weniger dogmatisch und noch mehr lebenspraktisch ausgerichtet. Die wesentlichste Neuerung aber ist, daß er politisch-aktuelle Ereignisse und Themen in sein Sangspruchrepertoire nimmt.

### Der Fahrende und seine Gönner

*Ich hân mîn lêhen, al die werlt, ich hân mîn lêhen.*
*nû enfürhte ich niht den hornunc an die zêhen,*
*und wil alle bœse hêrren dester minre flêhen.*
*der edel künec, der milte künec hât mich berâten,*
*daz ich den sumer luft und in dem winter hitze hân.*
*mîn nâhgebûren dunke ich verre baz getân:*
*si sehent mich niht mêr an in butzen wîs als sî wîlent tâten.*
*ich bin ze lange arm gewesen ân mînen danc.*
*ich was sô voller scheltens daz mîn âten stanc:*
*daz hât der künec gemachet reine, und dar zuo mînen sanc.*

(28, 31: Ich habe mein Lehen, ich möchte es allen Menschen zurufen, ich habe mein Lehen! Jetzt fürchten meine Zehen nicht mehr den Februarfrost, jetzt werde ich keinen geizigen Herrn mehr anflehen. Der edle König, der freigebige König hat mich versorgt: ich habe kühle Luft im Sommer und im Winter Wärme. Den Leuten um mich herum komme ich gleich viel feiner vor; sie schauen mich nicht mehr an, als sei ich ein Gespenst, wie sie es bisher taten. Ich bin zu lange arm gewesen, ohne etwas dafür zu können. Ich steckte so voll Schelte, daß mein Atem stank. Der König hat alles rein gemacht, auch meinen Sang.)

Der ›Lehensdank‹ an Friedrich II. ist eine der Strophen, in denen Walther über sein Leben spricht, und er ist bezeichnend für den Zusammenhang, in dem das in seiner Sangspruchdichtung geschieht.

Was Walther darlegt, betrifft seine Stellung als fahrender Sänger, vor allem die Not dieser Lebensform. Er weiß sogar seinen Dank nicht anders und besser abzustatten als damit, daß er noch einmal aufzählt, was ihm künftig erspart bleiben wird. Stärker noch als die materielle und körperliche Not, die Armut, den Frost und die Hitze, hat Walther die soziale Not der Fahrendenexistenz herausge-stellt. Wie ein Gespenst ist der Unbehauste den Behau-sten. Für den, der immer nur *gast* ist, gilt: *›sît hînaht* (heute nacht) *hie, sît morgen dort‹, waz gougelfuore* (›Zigeunerle-ben‹) *ist daz!* (31, 29) und *sus kume ich spâte und rîte fruo: ›gast, wê dir, wê!‹* (28, 8). Es bedeutet eine ständige Demü-tigung, wenn man anders als der *wirt,* der Hausherr, nicht selbst über Ort und Zeit bestimmen kann: *wirt unde heim sint zwêne unschamelîche namen: / gast unde hereberge muoz man sich vil dicke schamen* (31, 25 f.).

Namentlich hebt der ›Lehensdank‹ auch das *flêhen* vor geizigen Herren heraus. – Walther hat freigebige (*milte*) Gönner gefunden. Er hatte Auftritte vor den Königen und an den großen und kleinen Adelshöfen seiner Zeit (s. o. S. 28). Er hat dann auch mit Dank und Preis nicht gespart. Wir haben solche Strophen auf Philipp (19, 29), Fried-rich II. (26, 23; 26, 33; 28, 31), Hermann von Thüringen (85, 17; 35, 7), Leopold VI. von Österreich (25, 26) und auf die Gönnertrias Leopold, Heinrich von Mödling und Wolfger (34, 34). Er hat Geschenke besonders gewürdigt, die über den materiellen Wert hinaus den Empfänger und auch den Geber ehrten wie den *dîemant* (80, 35), wohl einen kostbaren Ring, des Grafen Diether von Katzenel-lenbogen (schwieriger zu deuten 18, 15; 84, 30). – Aber solche Herrengunst fällt eben auch einem Walther nicht in den Schoß; sie will erfleht sein, wie beispielhaft die Bitt-strophen an Leopold (20, 31) und Friedrich II. (28, 1) zeigen. Da ist mitleidheischend auf die eigene Not hinzu-deuten (ich Waise, als einziger ausgesperrt aus dem Para-dies; *alsus armen*). Da ist aber auch das eigene Können anzupreisen (*bî sô rîcher kunst*) und sein Gebrauch für den Gönner in Aussicht zu stellen (*sô möhte ich loben; zâhiu wiech danne sunge*). Da ist kräftig mit Titel und Bild zu schmeicheln (Vogt über Rom, König von Apulien, gütiger König; Leopold als prächtige Blumenwiese). – Wir wissen nicht, wie oft Walther abgewiesen wurde und enttäuscht und gedemütigt auf die *bœsen hêrren* zurückschalt wie (104, 23) auf den Abt von Tegernsee als »den Mönch« oder auf die Fürsten des Nürnberger Hoftags von 1524 oder 1525 (84, 14), denen er eine eigene Scheltstrophe widmete. – Hat aber das *flêhen* die Gunst eines Herrn erschlossen, ist noch nicht zuviel gewonnen. Es setzt die Befürchtung ein, dieser könne nicht zu seinem Wort stehen; es ist Walther ein *wunder, daß milter man gar wârhaft sî* (104, 33 f.). Mit Lohn und Dank für geleisteten Dienst ist keinesfalls mit Sicherheit zu rechnen, wie Walther im Umgang mit dem Markgrafen Dietrich von Meißen erfahren hat (105, 27; 106, 3), noch weniger mit Dauer und Beständigkeit (*stæte*) der Herrengunst. Daß Hermann von Thüringen *stæte* ist, wird mit aufschlußreichem Akzent hervorgehoben: *die andern fürsten alle sint vil milte, iedoch / sô stæteclîchen niht: er was ez ê* (vorher) *und ist ez noch* (35, 9 f.). Am Hof des Landgrafen (20, 4), der keinen Becher ungefüllt läßt, mag der Wein kosten, was er will, herrscht allerdings ein so lautes Aufwartungsgedrängle, daß Walther den Ohrenkranken raten muß, den Ort zu meiden. Er kann seinem beständigsten Gönner die Kritik nicht ersparen, daß er seine Habe mit Unwürdigen vertue, mit *stolzen helden,* die doch eher als *kempfen* (»Zirkusfechter«) einzustufen seien, statt im Akt der *milte* unterscheidend wirkliches Verdienst herauszuheben und zu belohnen. In solcher Umgebung und Atmosphäre mag es geschehen sein, daß jener Herr Gerhard Atze mit Walthers Pferd zugleich auch Walthers gesellschaftliche Ansprüche treffen wollte (104, 7). Walther verschafft sich eine literarische Genugtuung, nachdem ihm offenbar die rechtliche versagt blieb. Er läßt den Gegner die bloßstellend absurde Verteidigung vorbringen, Walthers Pferd sei jenem verwandt, das ihm einst schmählich den Finger abgebissen habe: seine Tat sei also Rache an der Sippe. Walther hebt beide – unverstümmelte – Hände zum

Schwur gegen die Behauptung, daß sich die Tiere je gekannt hätten, und er singt in einem anderen Ton noch eine weitere Strophe (82, 11) gegen jenen affenäugigen, gockelhaften Atze-asinus-Esel, ein Reittier, das sich nicht einmal sein Diener wählen sollte. So verletzt ist Walther, und so verletzend kann er sein. Am Hof des freigebigen Herzogs von Kärnten muß er betan sein, ein Mißverständnis aus dem Weg räumen und Verstimmtheit auszugleichen, als ihn ein Kleidergeschenk nicht erreicht (32, 17). Ursache mag das geradezu institutionelle Intrigieren der Höflinge gegen den Fahrenden gewesen sein; er beschimpft sie (32, 27 ff.) als *hovebellen* (Hofkläffer) und *leker* (Speichellecker). An einem Hof aufgenommen, hat er sich, der sich als *hovewert* (hofwürdig; 80, 34) empfindet, ständig von den *unhöveschen* (32, 3) unter den Unterhaltungskünstlern abzugrenzen und sich gegen ihr Lärmen durchzusetzen. Er muß die Herren an ihre Verantwortung für eine höfische Hofhaltung mahnen ( 103, 13; 103, 29; 31, 33; 32, 7) und auch den Bogner belehren, daß ein einziger *meister* seinen Ruhm wirksamer ausbreiten könne als tausend *snarrenzære* (»Geigenkratzer«; 80, 27 ff.).

Walthers Aussagen über sich selbst sind im wesentlichen Aussagen über den fahrenden Sänger im wechselnden Herrendienst, über den gelegentlichen Glanz und die dauernde Not dieser Existenz, und sie stehen in der Regel im Zusammenhang von Bitte und Dank, Preis und Schelte. Wir dürfen sie nicht umstandslos als biographische Daten nehmen. Sie sind zielgerichtete Selbstdarstellung des fahrenden Sangspruchdichters in der Tradition dieser Rolle. Walther benützt vorgeprägte Motive wie das vom *wirt* und *gast,* er stilisiert, pointiert, steigert, dramatisiert, um sein Ziel zu erreichen: wirksam um Gönnergunst zu bitten, effektvoll zu danken und zu preisen, begründet zu schelten. Seine Selbstdarstellung dient dazu, die *milte* der Herren auszulösen, auf sich zu lenken und im Gang zu halten. Selbstdarstellung im Rahmen von Bitte, Dank, Gönnerpreis und -schelte bildet die Grundlage der Berufs-

ausübung und Existenzsicherung des fahrenden Sangspruchdichters. Schien es der älteren Forschung, sie sei
dem großen Walther schuldig, seine Klagen und Bitten
lieber zu übergehen, ist die neuere geneigt, stark zu
betonen, »daß dieser große Poet ein armer Hund war . . .«
(Wapnewski). Wichtiger als den Realitätsgehalt der
Selbstaussagen Walthers im einzelnen ermitteln zu wollen
ist es, zur Kenntnis zu nehmen, daß er sich in der typi-
schen Rolle und Geste des fahrenden Sängers dargestellt
hat. Und das heißt, daß er trotz seines exzeptionellen
Könnens von seinen Gönnern und seinem Publikum in
der Regel als solcher eingeschätzt und behandelt wurde;
daß er, auch er, sich von dieser Position aus Gehör
verschaffen mußte. Das ist zu berücksichtigen, wenn wir
uns seinen weiteren Themenkreisen, besonders seinen
politischen Strophen zuwenden.

Zuvor aber ist noch darauf hinzuweisen, daß *milte* zu
seiner Zeit nicht private Mildtätigkeit bedeutet, die ins
Belieben des Einzelnen gestellt ist, wenn dieser auch
Empfänger, Zeitpunkt, Dauer und Maß bestimmt. Freigebigkeit ist öffentliche Herrschertugend und zugleich ein
konstitutives Element im feudalen System. Mit ihr legitimiert der Herrscher seine Herrschaft und beweist seine
Herrschaftsfähigkeit, wenn er sie vor allem bei Hoftagen
und Festen ausübt. Die *milte* des ranghöchsten Herr-
schers, des Königs, erstreckt sich bei solcher Gelegenheit
gestuft vom Fürsten bis zum fahrenden Volk und wird
von diesem und jenem erwartet (vgl. u. S. 120 f.). Erst aus
diesem Zusammenhang erklärt sich die Möglichkeit und
das Gewicht des Herrenpreises und der Herrenschelte aus
dem Mund eines besitz- und heimatlosen Fahrenden, der
am Rande der Rechtlosigkeit lebt: von Hof zu Hof, von
Hoftag zu Hoftag ziehend macht er kund (*ze mære bringen*
80, 32), ob ein Herr einem verpflichtenden Herrscherbild,
zu dem *milte* wesentlich gehört, entspricht oder eben
nicht.

Allgemeine Lebensweisheit und -klugheit zu lehren, die selbstevident in ihrem Anspruch ist, war anerkannte Aufgabe des Sangspruchdichters, und auch Walther hat entsprechende Strophen in seinem Repertoire wie etwa die Strophen über den Wert treuer Freundschaft im Bognerton (79, 17; 79, 25; 79, 33; vgl. MF 24, 9; 24, 17; 22, 9; 23, 5). Hier galt es, durch die Darstellungsform die nötige Aufmerksamkeit zu gewinnen und Belohnungswürdigkeit darzulegen. So eröffnet Walther die Verse über die Tugend der Selbstbeherrschung mit Rätselfragen:

> *Wer sleht den lewen? wer sleht den risen?*
> *wer überwindet jenen unt disen?*
> *daz tuot einer der sich selber twinget ...*

(81, 7ff.: Wer erschlägt den Löwen? Wer erschlägt den Riesen? Wer überwindet diese beiden? Das tut der, der sich selbst bezwingt ...)

Spiegelbildlich, als ›Palindrom‹ formuliert er seine Kinder-(erziehungs)lehre; die Eingangsstrophe:

> *Nieman kan mit gerten*
> *kindes zuht beherten:*
> *den man zêren bringen mac,*
> *dem ist ein wort als ein slac.*
> *dem ist ein wort als ein slac,*
> *den man zêren bringen mac:*
> *kindes zuht beherten*
> *nieman kan mit gerten.*

(87, 1: Niemand vermag mit der Zuchtrute zu erzwingen, daß ein Kind recht gerät. Wer zu einem ehrenhaften Leben erziehbar ist, für den ist ein Wort so gut wie ein Schlag ...)

Die gegeißelte Standesverwischung in *unmâze* findet dichtesten sprachlichen Ausdruck in den Wortpaaren

*manlîchiu wîp / wîplîche man, pfaflîche ritter / ritterlîche pfaf-*
*fen, alte junghêrren / junge althêrren* (80, 19), und was hoch-
mütige Standesüberschreitung in *übermâze* einbringt,
zeigt die Geschichte von der Sechs, die eine Sieben werden
wollte und als Drei endete (80, 3).

Noch stärker und gezielter aber als bereits Spervogel
richtet Walther sein Lehren auf die spezifischen Belange
des Hofes. Er bietet Hoflehre, die in der historischen
Stunde wesentlich darin besteht, zu höfisch-ritterlichem
Verhalten anzuleiten. Neben der Epik und dem Minnesang nimmt unter seiner Autorschaft nun auch die Sangspruchdichtung daran teil, eine höfisch-ritterliche Laien-
kultur nach romanischem Vorbild aufzubauen. Dabei
diskutiert Walther nicht nur Rand-, sondern Grundfragen
dieses spannungsvollen Vorgangs. Die zentrale ist (vgl.
etwa Wolframs ›Parzival‹ 827, 19 ff.), wie man mit seinem
Leben zugleich vor Gott und der höfischen Gesellschaft
bestehen, ewiges und irdisches Heil vereinbaren kann,
und es ist sicher kein Zufall, daß gerade der Fahrende auf
die Berücksichtigung einer dritten und entscheidenden
Komponente abhebt, auf den rechten Umgang mit dem
Besitz. Im Wiener Hofton hat er die Problematik des
Wertedreiecks *guot, werltlîchiu êre* und *gotes hulde* dreimal
behandelt; der Ausgangspunkt ist verschieden, das Er-
gebnis dasselbe. 22, 18: Wer wissentlich Todsünde und
Schandtat (*houbetsünde unt schande*) begeht, um sich zu
bereichern (*umbe guot*), ist ein Narr (*tôr*). Weise (*wîse*) ist,
wer *gotes hulde* und *êre* über alles stellt und dafür sogar
Leben, Frau und Kind zu opfern bereit ist. Ein Narr ist
aber auch (*si beide tôren sint*), wer diese Einstellungen nicht
unterscheidet und verbrecherische Besitzmehrung ehrt
und preist (*sîn êre prîse*), so bringt Walther im selben
Atemzug das sangspruchdichterische Amt zur Geltung,
die verantwortungsvolle und konstruktive Aufgabe des
öffentlichen Lobens und Scheltens, so bringt er sich selbst
zur Geltung. In 20, 16 geht er von Gottes wunderlicher
Verteilung der Gaben aus und kann auch darin auf sich

selbst weisen: der Rechtgesinnte ist arm, der Reiche lebt unehrenhaft. Keine Frage, wem der Vorzug gebührt! Gottes Huld und gesellschaftliche Achtung sind die erstrebenswerten höchsten Ziele; der Besitzbesessene hat seinen Lohn schon dahin. Walther predigt nicht gegen Reichtum, er tritt ein für den angemessenen Umgang mit *guot,* für die Regulierung durch die *mâze.* Das höfische Gebot der *mâze* soll die Jugend leiten, betont die dritte Strophe (22, 33). Besitzgier bedroht Seelenheil und Ansehen, Verachtung von Besitz aber bedroht die *fröide,* die Möglichkeit, das Selbstwertgefühl repräsentativ darzustellen und damit erst Wirklichkeit werden zu lassen. Anzuprangern ist weiter (31, 13), daß heutzutage nicht die *êre,* sondern das verselbständigte *guot* den (gesellschaftlichen) Weg zu den *frouwen* und den (politischen) Weg in den Königsrat bahnt. Über die politische Dimension dieser Güterlehre ist noch einmal im Zusammenhang mit dem Reichston (s. u. S. 114f.) zu sprechen. – Zu einer höfischen Hoflehre gehört das Thema *frouwen* und *minne.* Walther hat es nicht nur in seinem Minnesang abgehandelt, da bereits in lehrhafter Allgemeinheit, sondern es auch in die Sangspruchdichtung eingeführt. Die Schelte der jungen Ritter und Knappen (24, 3), die, ohne *zuht* und voller *unhövescher dinge,* keine Zierde des Ehrensaales mehr sind, konkretisiert sich und gipfelt im Vorwurf, sie beleidigten ruhmredig *reine frouwen* und verschafften sich ihr Vergnügen auf Kosten von *herzeleit.* Die Mahnung an die *guoten wîp* und an die Minne selbst (102, 1), die Minnebeziehung nicht zum unverbindlichen Kinderspiel (*kindesspil*) verkommen zu lassen, sondern eine verantwortliche, unterscheidende Partnerwahl zu treffen, mag ihren Hintergrund im Eheverhalten des jungen König Heinrich (VII.) haben, ist aber als allgemeiner Appell formuliert. – Vom Minnesang sprechen die beiden Strophen im Leopoldston (82, 24; 83, 1), die Walther als Nachruf auf Reinmar verfaßte. Seine Klage gilt der Kunst Reinmars, die er mit höchstem Preis bedenkt (*waz guoter kunst an dir verdir-*

*bet, mich riuwet dîn wol redender munt und dîn vil süezer sanc).*
Er zitiert namentlich die Preisstrophe *Sô wol dir, wîp, wie
reine ein nam!* (vgl. MF 165, 28), die allein schon alle
Damen auf dankbare Fürbitte für den Verstorbenen ver-
pflichten sollte. Oder deutet sich in der Auswahl gerade
dieses *wîp*-Preises, der inmitten eines Klageliedes und
eines Œuvre meisterlicher Leidzelebration steht, bereits
versteckter Vorbehalt an, wie er sich deutlicher in den
Versen äußert: *dû kundest al der werlte fröide mêren, / sô duz
ze guoten dingen woltes kêren* (du hast es verstanden, überall
die höfische Freude zu mehren, wenn du es richtig an-
packtest). Vorbehalt aber gilt unverhüllt dem Menschen
Reinmar: *dich selben wolt ich lützel* (wenig) *klagen: ich klage
dîn edelen kunst* ... Am Ende dennoch nicht nur Fürbitte
und Dank, die das Genre gebieten, sondern eine ganz
persönlich anmutende Geste: »Daß du nicht noch ein
Weilchen warten konntest! Ich hätte dir Gesellschaft geleistet: auch ich werde nicht mehr lange singen.« – Von der
Verantwortung für höfisches Verhalten, für eine hofwür-
dige Kultur und besonders Literatur, die Walther den
Hofherren auferlegt, war schon im letzten Kapitel die
Rede (o. S. 100 f.).

Walther hat sich in seinen Lehrstrophen auffällig oft an
die Jugend gewendet (vgl. o. und 23, 11) und auch Erzie-
hungsgrundsätze, mit und ohne Zuchtrute (*besmen, gerte*),
entwickelt (vgl. o. S. 103 und 23, 26). Dahinter steht gewiß die Einsicht, daß wirkungsvolle Unterweisung, insbesondere im neuartigen höfisch-ritterlichen Verhalten,
in das Kinder- und Jugendalter gehört. Man darf aber
wohl auch daran denken, daß der fahrende Sangspruchdichter eine festere Zuordnung in einer Art Hoflehrer-
Position sucht. Das ist der realistische Kern der völlig
unrealistischen älteren Vorstellung, Walther sei Prinzen-
erzieher am königlichen Hof gewesen. Man stützte sich
auf die resignierte Klage über den genannten jungen
Heinrich (101, 23), das wild und deshalb krumm herange-
wachsene Kind.

Mehrfach hat Walther auch die Beratung am Hof thematisiert. Der Hof ist irregeleitet, ja Reich und Kirche liegen darnieder, wenn wie jetzt der *hôhe* vor dem Ratszimmer bleibt und der *nidere* herangezogen wird (83, 14). Falls Walther hier dem Geburtsrecht Vorrang geben will, so doch nur unter der Voraussetzung, daß sich damit besondere Sachkompetenz und Verantwortung verbinden, die dem *nideren* fehlen, so daß er zu Lug und Trug verleitet ist. In einer weiteren Strophe des Leopoldstones (83, 27) gibt er den Herren Kriterien an die Hand, die guten und schlechten Rat zu unterscheiden helfen. Guter Rat zielt auf *frum* (Nutzen), *gotes hulde* und *weltlich êre*, schlechter Rat bringt *schade, sünde* und *schande* mit sich. Keine geringeren als diese Grundwerte also stehen auf dem Spiel. Wenn Walther die Herrenberatung thematisiert, so thematisiert er, wie es ungezählte Male auch die Epik der Zeit tut, eine feudale Institution, in der die wesentlichen politischen und gesellschaftlichen Entscheidungen fallen. Es ist eine Institution, in der in Grenzen Sachverstand mit Geburtsrecht konkurrieren kann. Es gibt Ratgeber, die beim Rat sitzen, aber auch solche, die dabei die Knie zu beugen haben (28, 21). Wir werden nicht fehlgehen, wenn wir in der Herrenberatung eine weitere Situation sehen, in deren Umkreis der fahrende Sangspruchdichter eine festere Einbindung sucht. Er führt sich vor als einer, der über Beratung zu beraten versteht. Der ausgewiesene Lehrer der Wertetrias fordert für einen solchen Lehrer: *den möht ein keiser nemen gerne an sînen hôhsten rât* (83, 35). Im Bild Walthers als des Beraters von Königen und Fürsten hat die ältere Forschung allerdings wiederum Wunsch und Realität verwechselt. Übrigens hat bereits Spervogel mehrmals die Ratsituation besungen, nicht ohne den Blick auf sich selbst zu lenken (MF 20, 9; 20, 17; 24, 25; 24, 33).

Eine eigene Gruppe religiöser Lehrsprüche, wie wir sie im Repertoire Hergers finden, fehlt bereits bei Spervogel, und sie fehlt bei Walther. Er hat in einer seiner Sangspruchstrophen (10, 1) Gott als das Geheimnis beschrieben, das alle zu ergründen suchen und weder Predigt noch Dogma ergründen kann. Ein Narr (*tumber gouch*), wer Tag und Nacht darauf verwendet (*betaget und benahtet*)! Wollte Walther damit seine eigene Zurückhaltung begründen? Dennoch ist Gott in seiner Sangspruchdichtung ständig gegenwärtig: als Anspruch an das Leben des Einzelnen und der Gesellschaft. Als höchstem Wert (*gotes hulde*) sind wir ihm in der Weisheits- und Hoflehre begegnet. Gottes Gebot ist letzter Wertmaßstab auch in den politischen Sangsprüchen, besonders bei der Kreuzzugsthematik und bei der Schelte gegen Papst und Pfaffen. In einem eigenen Kapitel sind nur wenige Strophen zu besprechen.

Dem Leben des fahrenden Sangspruchdichters zugeordnet ist der Morgen- und Ausfahrtsegen (24, 18): *Mit sælden müeze ich hiute ûf stên . . . gên und rîten . . .* (Laß mich heute mit deinem Segen aufstehen . . . gehen und reiten). Ebenso das Gottes- und Marienlob (78, 24; 78, 32), mit dem er wohl den Vortrag des Bognertons eröffnet: ihm zuerst und dann ihr gebührt der Preis in seinem Sang (*in mîner wîse*). Auf eine allgemeinere Lebenssituation greift er aus (22, 3), wenn er eindringlich davor warnt, die zehn Gebote nur aufzusagen, aber nicht zu halten, Gott als Vater anzurufen, aber den Mitmenschen nicht als Bruder anzunehmen. Er macht sich selbst zum Probefall und bringt sich selbst zur Geltung, wie wir es schon kennen, wenn er in der Ich-Form spricht (*swer mîn ze bruoder niht enwil*). Taten, nicht Worte, Verwirklichung, nicht Prätention zählen, und Grundlage dafür ist, daß vor Gott alle Menschen gleich sind, ob *hêrre*, ob *kneht*; nicht nur *kristen*, auch *juden unde heiden* wollen dem einen Schöpfer und

Erhalter dienen. Da ist Lessings Ring-Parabel nicht zu fern. Leiterin und Geleite zu Gott ist die Gottesminne, niemand kann ohne sie *der gotes hulden gewinnen,* wie Walther gleich in zwei Bognerstrophen (81, 31; 82, 3) betont. Aber auch hier ist zwischen falscher und wahrer Münze, zwischen dem Namen der Sache und der Sache selbst zu unterscheiden: *ir nam ist kunt, si selbe ist aber wilde* (unbekannt) (81, 34). Walther hat sich dem Anspruch auf Realisierung, den wir als entscheidendes Kriterium aus seinem Minnesang kennen und der auch seine religiöse Dichtung bestimmt, für seine eigene Person nicht entzogen. Er hat sich ihm in einem ›Sündenbekenntnis‹ gestellt (26, 3). Der Sänger, der doch *wort unde wîse* von Gott hat, klagt sich an, daß er diese Gaben so wenig im Lob auf ihren Geber richte (*wie selten ich dich prîse*); der Mensch bekennt den entscheidenden Mangel an wahrer Liebe zu Gott und seinen Mitchristen bei einem Übermaß an Selbstliebe, und dieses Bekenntnis hat darin seine überzeugende und berührende Ehrlichkeit, daß es die gebotene Feindesliebe problematisiert: *Wie solt ich den geminnen der mir übele tuot?* 21, 25 schließlich ist ein geistlicher Weckruf. Die heilige Schrift, bedrohliche Zeichen der Natur (Sonnenfinsternis 1201?) und Symptome des Verfalls im geistlichen und moralischen, im gesellschaftlichen und politischen Leben kündigen den Gerichtstag an. Die Strophe beginnt mit *Nu wachet!* und endet mit *wol ûf! hie ist ze vil gelegen.*

### Politisches in der Sangspruchdichtung

Die bedeutendste Neuerung Walthers war, daß er der Sangspruchdichtung die politische Thematik erschloß. Politische Lyrik (z. B. des Archipoeta) bediente sich bis dahin der lateinischen Sprache. Walther beschränkte sich dabei keineswegs auf lokalgeschichtliche Ereignisse. Seine Aussagen betreffen oder berühren Themen, die für sich und in ihrer Verflechtung der heutigen Geschichtswissenschaft als die entscheidenden des Zeitraums gelten: den Thronstreit zwischen Philipp und Otto, Otto und Friedrich, zwischen Staufern und Welfen also mit allen europäischen Komplikationen, einen Konflikt, in dem das Wohl des Reiches auf dem Spiel steht; weiter eine entscheidende Phase der ideologischen und machtpolitischen Auseinandersetzung zwischen Papsttum und Kaisertum; schließlich die Spannung zwischen königlicher Zentral- und fürstlicher Partikulargewalt in der Frühphase von Territorialisierung und Kurfürstentum. Gerade für diesen Themenbereich aber ist nüchtern zu beachten, welche Möglichkeiten der Äußerung dem fahrenden Sangspruchdichter gegeben und welche Grenzen ihm gesetzt sind, auch wenn er Walther heißt und bereits im ersten Zugriff die erstaunlichsten Ergebnisse literarischer Gestaltung erreichte. Walther ist in keiner anderen Rolle so verzeichnet und mißbraucht worden wie in der des politischen Sängers.

Zeittafel der wichtigsten politischen Ereignisse

1197    Kaiser Heinrich VI., Sohn und Nachfolger Kaiser Friedrich Barbarossas, stirbt beim Aufbruch zum (4.) Kreuzzug. Unruhen im Reich. Heinrichs Bruder Philipp von Schwaben soll bis zur Mündigkeit von Heinrichs dreijährigem Sohn Friedrich, der 1196 zum deutschen König gewählt wurde, Reichsregent sein.

1198    Philipp wird am 8. 3. in Mühlhausen (Thüringen) durch die Mehrheit der Reichsfürsten zum König gewählt, da die welfische Gegenpartei Otto von Braunschweig, Grafen von Poitou, den jüngeren Sohn Heinrichs des Löwen und Neffen des einflußreichen Richard Löwenherz von England, als Gegenkandidaten aufstellt und am 9. 6. in Köln zum König wählen läßt. Otto IV. wird am 12. 7. in Aachen durch den Erzbischof Adolf von Köln gekrönt, am rechten Ort, durch die rechte Hand, aber ohne die echten Throninsignien. Diese besitzt Philipp bei seiner Krönung am 8. 9., die jedoch nur in Mainz und durch den burgundischen Erzbischof Aimo von Tarenteise stattfinden kann. – Am 8. 1. ist der jüngste der Kardinäle, Lothar von Segni, 37 Jahre, als Innozenz III. zum Papst gewählt worden. Er wird mit seiner Politik der Wiederherstellung und Mehrung des Kirchenstaats und der Behauptung einer universalen päpstlichen Gewalt der große Gegenspieler der deutschen Könige.

1201    erkennt Innozenz nach anfänglicher Zurückhaltung Otto als König an und bannt (3. 7.) Philipp und seine Anhänger, die dennoch in ihrer Mehrzahl staufisch bleiben und ihren Willen auf der Fürstenversammlung zu Bamberg (8. 9.) und im Halleschen Fürstenprotest (Januar 1202) kundtun.

1202 ff.    Der Thronstreit wendet sich entschieden zugunsten des Staufers, als Philipp II. August von Frankreich die Engländer unter Johann Ohneland vom Festland vertreibt, sogar Erzbischof Adolf von Köln zu Philipp übergeht, ihn (6. 1. 1205) in Aachen krönt und dieser entscheidende militärische Erfolge hat.

1207    Die Verhandlungen mit der Kurie über den Thronverzicht Ottos und die Anerkennung des vom Bann gelösten Philipp stehen vor ihrem Abschluß.

1208    Philipp wird am 21. 6. dreißigjährig vom bairischen Pfalzgrafen Otto von Wittelsbach aus privater Rache in Bamberg ermordet. – Otto, nun auch von der staufischen Partei anerkannt, wird am 11. 11. noch einmal zum König gewählt und

1209    am 4. 10. in Rom durch Innozenz zum Kaiser gekrönt. Da er Versprechungen nicht einhält und sich sogar anschickt, ins Papstlehen Sizilien einzudringen und den jungen Friedrich zu vertreiben, wird schon

1210    am 18. 11. der päpstliche Bann gegen ihn verkündigt.

1211    im September wählen in Nürnberg einige Fürsten mit Unterstützung der Kurie und Frankreichs den jungen Staufer Friedrich II. zum Kaiser.

1212    Otto eilt nach Deutschland zurück, kann aber seine Lage nur kurzfristig stabilisieren, bis im September der junge Friedrich in Deutschland eintrifft, die Für-

|        | sten an sich zieht und das staufisch-kapetingische Bündnis gegen das welfisch-englische erneuert. |
|--------|---|
| 1214 | am 27. 7. wird Otto bei Bouvines vom französischen König entscheidend geschlagen. Er stirbt am 19. 5. 1218. |
| 1215 | läßt sich Friedrich in Aachen noch einmal vollgültig krönen. Das Laterankonzil bestätigt im November seine Wahl. |
| 1216 | im Juli stirbt Innozenz III. |
| 1220 | im April läßt Friedrich seinen Sohn Heinrich (VII.) in Frankfurt zum deutschen König wählen. Ihn selbst krönt Papst Honorius III. (1216–1227) zum Kaiser. Friedrich verläßt Deutschland und kehrt nur noch einmal, 1235, aus seinem Erbreich Sizilien nach Deutschland zurück, als sich sein Sohn gegen ihn empört. Als Reichsverweser läßt er 1220 den Kölner Erzbischof Engelbert von Berg zurück, der 1225 ermordet wird. |
| 1227 | Papst Gregor IX. (1227–1241) bannt Friedrich, der den schon 1215 versprochenen und immer wieder aufgeschobenen Kreuzzug wegen Krankheit abgebrochen hatte. |
| 1228/29 | wird dieser (5.) Kreuzzug durchgeführt, und Friedrich krönt sich zum König von Jerusalem. |

## Für Philipp und das Reich

*Ich saz ûf eime steine*
*und dahte bein mit beine:*
*dar ûf satzt ich den ellenbogen:*
*ich hete in mîne hant gesmogen*
*daz kinne und ein mîn wange.*
*dô dâhte ich mir vil ange,*
*wie man zer welte solte leben:*
*deheinen rât kond ich gegeben,*
*wie man driu dinc erwurbe,*
*der keinez niht verdurbe.*
*diu zwei sint êre und varnde guot,*
*daz dicke ein ander schaden tuot:*

*daz dritte ist gotes hulde,*
*der zweier übergulde.*
*die wolte ich gerne in einen schrîn.*
*jâ leider desn mac niht gesîn,*
*daz guot und weltlich êre*
*und gotes hulde mêre*
*zesamene in ein herze komen.*
*stîg unde wege sint in benomen:*
*untriuwe ist in der sâze,*
*gewalt vert ûf der strâze:*
*fride unde reht sint sêre wunt.*
*diu driu enhabent geleites niht, diu zwei enwerden ê gesunt.*

(8, 4: Ich saß auf einem Stein, schlug ein Bein über das andere,
stützte den Ellenbogen darauf, Kinn und Wange hatte ich in
meine Hand geschmiegt. In Sorge dachte ich darüber nach,
wie man in dieser Welt sein Leben einzurichten habe. Ich
wußte keinen Rat, wie man drei Dinge gewinnen könnte und
keines von ihnen fallen lassen müßte. Die ersten beiden sind
Ehre und Besitz; sie schon stehen sich oft schädlich im Wege.
Das dritte, strahlend über den beiden, ist die Gnade Gottes.
Sie alle hätte ich gerne in einem Gefäß vereinigt. Aber leider,
es ist nicht mehr möglich, daß Besitz und Ehre in der Welt
und Gnade bei Gott in einem Herzen zusammenkommen.
Weg und Steg ist ihnen verbaut, Verrat lauert im Hinterhalt,
Gewalt beherrscht die Straße. Friede und Recht liegen tod-
wund darnieder. Solange diese beiden nicht wieder auf die
Beine kommen, fehlt jenen dreien das nötige Geleit.)

Walthers bekannte Strophe, mit der die Handschriften
den Reichston einleiten und die den Illustratoren von B
und C die Vorlage zum Autorenbild lieferte, bezieht sich
mit größter Wahrscheinlichkeit auf die desparate Lage im
Reich nach Heinrichs VI. Tod, die Auflösung der gesellschaftlichen, rechtlichen und politischen Ordnung, Gegenstand auch der Chronistik der Zeit: *Sic mortuo imperato-*
*re mortua est simul iusticia et pax imperii* (Mit dem Tod des
Kaisers starben auch Gerechtigkeit und Friede im

Reich . . .; Monumenta Germaniae Historica SS 17, 1861, 709). Walther: *fride unde reht* liegen verwundet darnieder, denn *untriuwe* lauert im Hinterhalt und *gewalt* beherrscht die Straße. Die Welt als gefährliches Reiseterrain, das war wohl auch für Walther selbst, der 1198 Wien verlassen muß, mehr als allegorische Vision. Mit der politischen Rahmenordnung, mit Frieden und Gerechtigkeit ist aber noch etwas anderes bedroht, nämlich die Möglichkeit, Besitz (*varndez guot, utile*), gesellschaftliches Ansehen (*êre, honestum*), sonst schon schwer zu vereinbaren, und dazu noch Gottes Gnade (*gotes hulde, summum bonum*) (vgl. o. S. 104f.) zu einem Leben irdischen und ewigen Heiles zusammenzufügen. Nicht weniger steht auf dem Spiel. Man hat die Verknüpfung der äußeren Lage mit der höchsten Lebensbestimmung des Menschen, die Walther vornimmt, mit seiner Fähigkeit erklärt, Tagespolitisches in große Ordnungszusammenhänge einfügen zu können, und an dieser Fähigkeit soll nicht gezweifelt werden. Es gilt sogar grundsätzlicher, über Walther hinaus, daß konkrete Ereignisse im Mittelalter vor allem dann literaturwürdig und publikationsfähig werden, wenn sie sich – in einem anderen Begriff von ›Aktualität‹ als unserem vertrauten – als bedeutsam innerhalb großer geschichtlicher oder systematischer Konzepte darstellen und darstellen lassen. Für das Verständnis unserer Strophe aber ist es wichtig, die Argumentationsrichtung zu beachten. Im mündlichen Vortrag hat das Nacheinander der Informationen an den Zuhörer seine eigene Bedeutung. Walther führt sich mit der traditionellen Pose (*Ich saz . . .*) dessen ein, der mit Verantwortung, in Sorge und Trauer nachdenkt. Die Frage, die er sich stellt, ist, *wie man zer welte solte leben,* und sie hat die Dimension von *guot, êre, gotes hulde* und deren Vereinbarkeit. Sie gehört in dieser Allgemeinheit und Umfassendheit der Weisheitslehre zu, einem anerkannten Themenbereich des Sangspruchdichters, von dem erwartet wird, daß er zu einem klärenden *rât* imstande ist. Walther führt sich eingangs in der konventionellen Sangspruchdichterrolle vor. Dann aber die überraschende Wendung. Er behandelt die schwierige Frage nach dem rechten Leben im Spannungsfeld der drei Grundanforderungen nicht als ethisches Problem der *mâze*, wie er es später selbst tun wird (vgl. o. S. 104 f.), sondern er macht, man denkt an Brecht, die ›Verhältnisse‹ verantwortlich, die zerrüttete Friedens- und Rechtsordnung, die es erst wieder aufzurichten gelte, wenn Menschen ihr irdisches und ewiges Lebensziel erreichen wollen. Der Ablauf der Strophe läßt uns einmal mehr zum Zeugen dafür werden, wie Walther Wertprobleme auf Wirklichkeit bezieht. Er läßt uns aber auch Zeuge des Vorgangs werden, wie es Walther gelingt, die konventionelle, anerkannte Thematik des Sangspruchdichters zu erweitern, auf ein Gebiet auszudehnen, für das sein Publikum, zumindest in den Rangspitzen, höchste Beurteilungs- und Entscheidungskompetenz, ein fahrender Sänger keine zu haben scheint: für die aktuelle politische Lage.

Nimmt man *fride unde reht* (*pax et iustitia*) als Zitat des Krönungseides, so fordert Walther in dieser Strophe des Reichstones indirekt dazu auf, wozu er in der anderen, *Ich hôrte ein wazzer diezen* (8, 28), direkt aufruft: *Philippe setze en weisen ûf* ... (die Kaiserkrone, vertreten durch ihren waisenhaft-einzigartigen Edelstein)! Die beiden eng zusammengehörigen Strophen werden zwischen Philipps Wahl und Krönung an seinem Hof entstanden und vorgetragen worden sein. Auch in 8, 28 folgt der politische Appell aus einer allgemeineren Darlegung. In der Pose des Augen- und Ohrenzeugen, der Wahrheit verbürgt, tatsächlich aber auf gängige Vorstellungen der Zeit zurückgreifend, entwirft Walther ein Bild der natürlichen Ordnung im Tierreich. Auch dort herrschen Feindschaft (*haz*) und Kampf (*starke stürme*), jedoch in Grenzen, da sich die Tiere mit König und Gericht, als Herren und Knechte vernünftigerweise eine politische, rechtliche und soziale Ordnung setzen. Die Anwendung:

*sô wê dir, tiuschiu zunge,*
*wie stêt dîn ordenunge!*
*daz nû diu mugge ir künec hât,*
*und daz dîn êre alsô zergât!*
*bekêrâ dich, bekêre.*
*die cirkel sint ze hêre,*
*die armen künege dringent dich:*
*Philippe setze en weisen ûf, und heiz si treten hinder sich.*

(9,8 ff.: Ach und du, deutsches Volk, wie steht es um die
staatliche Ordnung bei dir! Daß die Biene jetzt ihren König
hat und daß dein Glanz so vergeht! Kehr um, kehr um! Die
Kronreifen recken sich zu hoch empor, die Vasallenkönige
bedrängen dich. Setze Philipp die Kaiserkrone aufs Haupt
und verweise die anderen in ihre Grenzen! – Die *armen künege*
sind wohl nicht die Reichsfürsten, sondern die außerdeutschen Rivalen der kaiserlichen Macht, Richard Löwenherz
von England, Knud von Dänemark, Philipp August von
Frankreich, wenn dieser nicht schon auf der Seite des Staufers
war. Sie tragen Kronreifen, *cirkel,* während die Kaiserkrone
oktogonale Form aufweist.)

Der Weg von der verpflichtenden Schöpfungsordnung,
wie sie im Tierreich geschaut werden kann, zur beklagten
politischen Situation in Deutschland ist auch in dieser
Strophe zugleich der Weg von anerkannter zu neuer
spruchdichterischer Thematik und Kompetenz. Es ist
Walther in einem Zug gelungen, sich den staufischen Hof
(19, 29; vgl. o. S. 28) und seiner Dichtung die brennenden
politischen Fragen der Zeit zu erschließen. Sein Eintreten
für Philipp erscheint in seiner beschwörenden Darstellung
als Eintreten für die schöpfungsgemäß ordnende Macht
des Reiches, in der allein sich zum Heile leben läßt.

Die Bannung Philipps und seiner Anhänger war ihm
Anlaß, nach drei Jahren noch einmal diesen Ton aufzu-
greifen (9, 16) und Zusammenhang zu signalisieren. Die
Geste des Augen- und Ohrenzeugen (*Ich sach* . . .) ist jetzt
auf Rom, auf die Amtskirche ausgerichtet. Diese ist nach

den inneren (i. Strophe) und äußeren Störkräften (ii. Strophe) die dritte und stärkste Macht, die angeklagt werden muß, die Ordnung im Reich zu zerrütten: *dâ von huop sich der meiste strît.* Rom betrügt zwei gewählte Könige, Philipp und das Kind Friedrich, indem es sich auf die Seite der Welfen stellt. Als die *pfaffen*-Partei gegen die *leien* gleichwohl ins Hintertreffen gerät, greift man zur geistlichen Waffe des Bannes (*si bienen* [bannten] *die si wolten / und niht den si solten*). In der Lähmung des gottesdienstlichen Lebens (*dô stôrte man diu goteshûs* [Gotteshäuser]), die nach dem Leib auch die Seele tödlich bedroht, sieht Walther die Perversion kirchlichen Auftrags auf ihrem Höhepunkt. Er setzt die klagende Stimme des Klausners (*klôsenære*) dagegen, der die wahre Kirche verkörpert: enthaltsam in weltlichen Dingen, ganz der geistlichen Aufgabe hingegeben. Noch wird der Papst selbst geschont, mit seiner Jugend entschuldigt: *Owê der bâbest ist ze junc: hilf, hêrre, dîner kristenheit!* Mit der Rolle des Klausners, die er auch weiterhin benützt (34, 24; 10, 33), deckt und unterstützt Walther seine Stellungnahme; sie bedurfte als die sehr weitgehende Stellungnahme eines Laien seiner Position solcher Absicherung. Man sollte die Tatsache, daß Walther gehäuft im Reichston, aber auch sonst in seiner Sangspruchdichtung oft genug und betont in der Ich-Form spricht, wiederum (s. o. S. 48 f.) nicht zu schnell als Ausdruck eines hohen, vorausweisenden Selbstbewußtseins werten, das ihn als Menschen und Sänger charakterisiere. Was wir greifen, ist Selbstdarstellung. Er stellt sich in Autoritätsrollen wie der des trauernden ›Propheten‹ (*ich saz*) oder des Augen- und Ohrenzeugen (*ich sach, ich hôrte*) dar, um gehört zu werden. Er bringt in den Lehraussagen seiner Sangsprüche das lehrfähige Ich zur Geltung (*ich sage iu daz, daz ist mîn rât*), um Anerkennung und Lohn auf sich zu ziehen. Er betont das Ich, weil er nötig hat, es zu betonen, und weil er es zu betonen versteht.

Für die Legitimität Philipps ist Walther auf bezeichnende
Weise in zwei weiteren Strophen eines anderen, des Phi-
lippstons, eingetreten. Für sie konnte in der verworrenen
Situation in Anspruch genommen werden, daß der Staufer im Besitz der echten Throninsignien war. Walther
bietet es als *wunder* (18, 29) dar, sichtbar für alle und
unübertroffen beweiskräftig, daß die alte Krone dem
*jungen süezen man* nicht nur paßt, wie für ihn gemacht,
sondern daß sie sich gegenseitig im Glanz steigern. Wer
darf das *scheiden* wollen, wenn er ein *guoter* heißen will?
Wie damals in der Dunkelheit der weihnachtliche Stern
aufging und die Richtung zeigte, so jetzt dieses gekrönte
Haupt:

> *swer nû des rîches irre gê,*
> *der schouwe wem der weise ob sîme nacke stê:*
> *der stein ist aller fürsten leitesterne.*

(19, 2 ff.: Wenn einer jetzt noch nicht weiß, wer das Reich
repräsentiert, der achte darauf, wer die Krone mit ihrem
unverwechselbaren Stein auf dem Haupt trägt: dieser Edelstein ist der Leitstern für alle Fürsten.)

Es sind nicht einfach dichterische Bilder, mit denen Walther überzeugen will. Er zitiert und verarbeitet in seiner
Strophe, die in der Nähe der Krönung Philipps entstanden
sein wird, die Beweiskraft mittelalterlicher Herrschafts-
symbolik.

Dies geschieht noch umfassender, noch anspielungsrei-
cher in 19, 5. Philipp hält zum Weihnachtsfest 1199 Hoftag in Magdeburg. Er geht dabei mit seiner Gemahlin in
feierlicher Prozession ›unter der Krone‹, wahrscheinlich
im Rahmen einer ›Festkrönung‹, einer demonstrativen
symbolischen Wiederholung der Krönung zur Kundgabe
von Anspruch und Macht. Walther hat ins Wort gefaßt,
was dem Auge und dem verstehenden Geist geboten war.
*Megdeburc* ist die Stadt der Jungfrau, die uns zur Weihnacht den *hêrren*, den ersehnten Retter und Friedensfür-

sten gebar. In Philipp, selbst König, *eins keisers bruoder und eins keisers kint,* bildet sich auf Erden die trinitarische Figur ab, die dem Christengott, dem wahren Gott eignet. Selbstverständlich wird hervorgehoben: *er truoc des rîches zepter und die krône.* Seiner Gemahlin, der byzantinischen Prinzessin Irene, die als deutsche Königin den Namen Maria trägt, sind mit Recht die marianischen Attribute der Rose ohne Dorn und Taube ohne Galle zuzusprechen. Und wie beide zu schreiten verstehen! In höfischer Zeit kann auch höfische *zuht* Herrschaft legitimieren, zumal wenn dem anderen, Otto, Grobschlächtigkeit nachgesagt wird. Walther fügt schließlich Hermann von Thüringen und Dietrich von Meißen, die das Spiel der Macht in der Situation der Doppelwahl gewinnbringend zu spielen verstehen, in sein Bild ein als die *Düringe und die Sahsen,* die Philipp so dienten, daß die *wîsen* ihr Wohlgefallen daran hatten. Die weisen Beurteiler der Szene? Die drei Weisen aus dem Morgenlande, Inbegriff dienender Herrscher? Nur zwölf Verszeilen und ein Kosmos beweisender religiöser, politischer, gesellschaftlich-höfischer Symbolik für den Staufer. Aber zeichnet sich am Ende nicht bereits neue Auftraggeberschaft ab?

### Spießbraten und Loyalität

Seinen scharfen Mahnspruch an Philipp im selben Ton (19, 17), in dem er ihn auffordert, Freigebigkeit zu zeigen, kann Walther kaum im eigenen Namen und in unmittelbarer Gegenwart des Königs gesungen haben. Daß er einen Heiden, den sprichwörtlich *milten Salatîn,* als mahnendes Beispiel vorführt, mochte noch angehen. Die Erinnerung an *den von Engellant* mit *sîner gebenden hant,* den Welfenfreund und Staufergegner Richard Löwenherz, Ottos Onkel, war verletzend. Verletzend und drohend aber war – nach einer gemäßigten Erinnerung an den *milten* Alexander (16, 36) – vor allem der ›Spießbratenspruch‹ im 2. Philippston (17, 11), auch wenn er sich geschickt nicht direkt an den königlichen Herrn des Hauses, sondern nur an seine »Köche« richtete, jene, die beratend und verwaltend für die Vergabe von Ämtern und Gütern verantwortlich waren. Ihnen sei geraten, heißt es in Küchenderbheit, die Bratenstücke gefälligst daumenbreit dicker zu schneiden als bisher, damit es nicht gehe wie im knausrigen Ostrom (*ze kriechen*): der Herr vor die Tür gesetzt, das Reich verloren. Walther scheut sich nicht, auf die Tragödie im väterlichen Haus der byzantinischen Gattin Philipps anzuspielen, auf Thronsturz, Blendung, Usurpation, Landesverrat, Kreuzzugsperversion, Gefängnis und Mord (im einzelnen in den kommentierten Ausgaben dargestellt). In dieser Strophe ist nun ausdrücklich genannt, in wessen Namen Walther spricht und so sprechen kann. Es geht um *der fürsten brâten;* aber ein Stück durfte auch er sich erhoffen. Die zwischen 1201 und 1207 schwer datierbaren Strophen sind im Fürstendienst und -interesse gesungen. Sie begleiten vermutlich politische Manöver des Thüringers (und Meißners), den wir 1198 auf Ottos, 1199 auf Philipps, 1201, unsicher, wieder auf Ottos Seite finden, der 1204 von Philipp überwunden wird und 1207 schon wieder den Abfall vorbereitet.

Die Abkehr Walthers vom Staufer, der Fürstendienst, die Hinwendung dann zu Otto und schließlich zu Friedrich haben der Forschung zu schaffen gemacht. War das Verrat, Untreue, Opportunismus? Oder mußte er die Seiten wechseln, gerade um der Reichsidee und darin sich selbst treu zu bleiben? Oder fordert diese Rechtfertigung nicht weniger als der genannte Vorwurf Walther, in Überschätzung seiner Position, eine politische Moral ab, die sich der fahrende Sänger, der von Auftrag zu Auftrag lebt, nicht leisten kann? Für eine historische Erklärung und Beurteilung ist sicher folgendes zu bedenken. Die Abwendung, die Walther für sich und andere angedroht, eingeleitet und wohl auch vollzogen hat, wird mit mangelnder *milte,* die Zuwendung zum anderen mit gewährter *milte* begründet. Freigebigkeit aber ist, hatten wir gesagt, eine Herrschertugend, die Herrschaft legitimiert und als solche eingefordert werden kann. Wird sie versagt, kann die Herrschaftsberechtigung und -fähigkeit, zumindest herrscherliche Idealität in Zweifel gezogen werden; übt ein anderer *milte,* hat dieser den geforderten Erweis erbracht. Eine herrscherliche Geste wie die Freigebigkeit gewinnt an argumentativer Bedeutung, wenn Herrschaft umstritten ist wie in unserer Zeit zwischen Staufern und Welfen. Auf dieser Ebene von Begründung bewegt sich Walther für seine fürstlichen Auftraggeber und sich selbst. Hier kann gewiß taktiert werden und wird taktiert. Aber man muß sehen, daß dabei Möglichkeiten genutzt werden und nach Regeln gespielt wird, die im System feudaler Herrschaftskonstitution selbst angelegt sind.

### Otto: Adler, Löwe und Zwerg

Walther hat Otto in drei Strophen eines neuen, des Ottentons, mit den Eingangsworten *hêr keiser* angerufen. Es ist eine ansprechende Vermutung, daß dies im März 1212 auf dem Reichstag zu Frankfurt geschah. Otto kehrt, gekrönt und schon wieder gebannt wegen seiner Sizilienpolitik, aus Italien ins konspirierende Deutschland zurück und testet die Anhängerschaftsverhältnisse. Walther formuliert Erwartungen. Er heißt in 11, 30 den willkommen, dem der Königstitel genommen ist und dessen Krone *des* (eben deshalb) über allen anderen Kronen erglänzt. Kecke Paradoxie sichert Aufmerksamkeit für die Ergebenheitsbezeugung, die Walther für die Fürsten und insbesondere den Meißner ausspricht: ein Engel würde eher verführt, von Gott abzufallen. Solcher Superlativ scheint geboten, da Dietrich mit großer Wahrscheinlichkeit der Fürstenverschwörung angehört (eine Fürbitte für den Thüringer findet sich in 105, 13). In 12, 18 nimmt der Sänger den Kaiser, nicht weniger geschickt, heraldisch beim Wort. Wenn er den Deutschen mit richterlicher Strenge (*bî der wide,* mit dem Strang) *fride* gemacht hat (*pax et iustitia*), dann soll er die beiden Kampfgenossen, die er im Wappen trägt, den großherzigen Adler und den mutigen Löwen, auf die Heidenschaft loslassen. Der Kreuzzug ehre ihn, befriede die Christenheit und schade den Heiden. Ein umfassendes kaiserliches Programm. Den Kreuzzugsaufruf nimmt Walther in 12, 6 noch einmal dringlicher auf, indem er ihn wiederum in einer Autoritätsrolle spricht, situationsgerecht in der des Gottesboten, des Engels: *Hêr keiser, ich bin frônebote / und bring iu boteschaft von gote.* Sie lautet: Verschaffe dem Sohn Gottes sein Recht gegen die Heiden in seinem eignen Lande, dann wird er dir im jüngsten Gericht dein Recht verschaffen sogar gegen den Teufel! In dieser Aufgaben- und Machtverteilung zwischen dem irdischen und himmlischen Gerichtsherrn (*voget; ir habt die erde, er hât daz himelrîche*) sind Papsttum und päpstliche Ansprüche programmatisch ausgespart. – Walther singt diese Strophen vor dem Kaiser. Aber singt er sie auch für ihn, in seinem Dienst und Interesse, wie wir es für die antipäpstlichen Strophen des Otten- und Unmutstons (s. u.) annehmen möchten? 11, 30 scheint eher im Dienst des Meißners, aber wohl schon im Blick auf ein Angebot Ottos gesprochen. Was soll der Kreuzzugsaufruf zu dieser Zeit? Wollen die Fürsten den Kaiser von den deutschen Angelegenheiten ablenken, erhoffen sie sich Gewinn? Oder liegt ein Kreuzzug doch im Plan und im Interesse Ottos, wie neuerdings wieder betont wird? Will er die Fürsten in einem gemeinsamen Unternehmen auf seine Seite zwingen? Soll der päpstliche Bann für unwirksam erklärt werden? Wir stoßen bei Texten, die so eng in die Situation ihres Vortrags eingebunden sind, auf Grenzen der Interpretation.

Die Abkehr von Otto, die Hinwendung zu Friedrich, die wir wohl schon um 1213/14 ansetzen müssen, verläuft wieder über das bekannte Motiv der *milte.* Ich erwähne die beiden Strophen im König Friedrichston (26, 23; 26, 33; daneben wird auch 31, 23 meist auf Otto bezogen) als weitere Beispiele für die Phantasie des Scheltens, die Walther entwickeln kann. Namentlich 26, 33 ist eine infame Kabarettnummer. Da mißt er in Schneidergestik die Größe der beiden Herrscher aneinander, die Körpergröße und die Freigebigkeit als innere Größe, und siehe, *hêr* (!) *Otte,* bekannt für seine mächtige Statur, erweist sich als Zwerg (*getwerc*) der *milte*-Gesinnung, und er wird ja nicht mehr wachsen, während Friedrich, der junge König (*künec*!), jetzt schon als Riese (*risen gnôz*) dasteht.

### Noch einmal auf staufischer Seite

Obgleich Walther Friedrich II. die ersehnte Sicherung verdankt, finden wir unter den Sangspruchstrophen, die sich auf ihn beziehen, keine, die eine ähnliche Programmatik des Reiches oder des königlich-kaiserlichen Amtes entwerfen würde, wie sie der Sänger im Blick auf Philipp und Otto gestaltet hat. Es handelt sich um persönliche Bitt- und Dankstrophen, Lehensbitte und -dank (28, 1; 28, 31), den Vergleich mit Otto (26, 23; 26, 33), dazu noch 84, 30; 27, 7. Walther nimmt zu den Schwierigkeiten Stellung, die Friedrich immer wieder zum Aufschub des versprochenen Kreuzzugs zwingen; er prangert dabei besonders die mangelnde Unterstützung an (29, 15; 10, 9; vielleicht 10, 17; dazu die merkwürdige Engelsschelte 79, 1 und 79, 9, die wohl auch die Fürsten oder die Kirche treffen soll). Der Bann des Kaisers (1227) ist ihm Anlaß, noch einmal gegen den Papst und falsche Pfaffen das Wort zu ergreifen (10, 33; 10, 25). Das große politische Lob für den Dienst am Reich (*ir hânt dem rîche wol gedienet*) erhält der Reichsverweser Erzbischof Engelbert von Köln (85, 1). Die Totenklage um den 1225 Ermordeten (85, 9) gerät in der Betroffenheit zu einem Rachegesang: die Hölle möge den Mörder lebendig verschlingen! – Der Heinrichston (101, 23–102, 15), der verfehlte Erziehung und Zeitklage ins Wort bringt, zielt wahrscheinlich auf den jungen König und seine Lebensführung.

Ein Ziel hat Walther in allen wechselnden Diensten bei Philipp, Otto, Friedrich und den Fürsten vertreten, die Abwehr politischer Ansprüche der Papstkirche, die er zu einer allgemeinen Kritik ihres auftragswidrigen Verhaltens ausweitet. Er konnte gewiß sein, mit diesem Thema und mit der Art seiner Stellungnahme in Deutschland Gehör zu finden; er konnte dafür auf ein Arsenal von Argumenten zurückgreifen, das im lateinischen publizistischen und dichterischen Schrifttum verbreitet worden war. Er hat Situation, Tradition und sein ganzes Können genützt: antipäpstliche Sangsprüche gehören zu seinen besten und offenbar auch erfolgreichsten, denn auf sie bezieht sich die Anklage des Domherrn zu Aquileja, Thomasins von Zerklaere, Walther habe *tûsent man betœret* (vgl. ›Wälscher Gast‹ 11091 ff.).

Das päpstliche Amt bekleidet während der längsten und entscheidenden Zeit der staufisch-welfischen Thronstreitigkeiten Innozenz III. (1198–1216). Theologisch, juristisch und politisch höchst versiert, sucht er ein päpstliches Prüfungs- und Entscheidungsrecht bei strittiger Königswahl theoretisch – über die päpstliche Rolle bei der Translatio imperii und der Kaiserwahl – zu begründen und praktisch für seine Ziele eines unabhängigen Kirchenstaates und universaler Papstgewalt zu nutzen.

*Got gît ze künege swen er wil* (12, 30) – Gott macht zum König, wen er will, setzt Walther vor seiner deutschen Zuhörerschaft dagegen, und er bietet alle argumentativen und rhetorischen Mittel auf, um dieses Prinzip königlich-kaiserlicher Selbständigkeit, Unabhängigkeit und Überlegenheit zu begründen. *Voget* des Himmels ist Christus, *voget* der Erde ist der Kaiser (12, 6; vgl. o. S. 122). Das Gleichnis vom Zinsgroschen (u. a. Mt 22,15–22) ist biblischer Beweis für diese beiden fundamentalen Rechte, *des kaisers* (*küneges*) und *gotes* (11, 18). Zweimal hat Walther die Konstantinische Schenkung, die als grundlegender historischer Akt für päpstlichen Besitz- und Machtanspruch galt, bitter beklagt. Der Engel rief damals mit Recht prophetisch ein dreimaliges *owê* (25, 11), und Konstantin hätte dem Reich das Elend erspart, wären ihm die Folgen bekannt gewesen (10,25). Ottos Krönung und baldige Bannung enthüllt die Doppelzüngigkeit des Papstes und seiner Geistlichkeit. Welcher Weisung soll der arme Laie nun gehorchen? *Uns dunket einez sî gelogen* (12, 30). Der Fluch, den der Papst im Krönungssegen dem androht, der dem Kaiser flucht, wird unausweichlich nun auf ihn selbst fallen (11, 6). Walther versteht die polemische Kunst, die komplexe Situation auf das schlagende Argument zu verkürzen. Nicht nur die Worte, auch Wort und Werk der *pfaffen* klaffen auseinander oder schlimmer noch, sie decken sich, aber im Bösen. Der Klausner hat wieder viel zu weinen (34, 24; ähnlich 33, 31, wenn echt). War der päpstliche Gegner Philipps noch als *ze junc* (9, 16) geschont worden, mehrt sich die Zahl und die Schärfe der Spruchstrophen gegen den ehemaligen Förderer und späteren Gegenspieler Ottos beträchtlich. Die Schelte Innozenz' gipfelt in drei Strophen des Unmutstones. Habgierig, verlogen, betrügerisch und zu all dem verführend wird er sich als neuer Judas (*der junge Jûdas*) entpuppen (33, 11). Seine Lehre aus einem Zauberbuch (*swarzez buoch*) ziehend, das ihm der Schwarze aus der Hölle (*hellemôr*) gab, statt aus dem Buch der Bücher, leitet er zur Simonie (Apg 8,18 ff.), zum Kauf geistlicher Gaben und Ämter an (33, 1). Ein Schlimmerer als der *zouberære Gêrbreht,* Gerbert, Papst Silvester II. (999–1003), dessen Naturkenntnisse ihn in den Ruf des Zauberers brachten, sitzt jetzt auf dem römischen Stuhl, denn er, Wolf unter seinen Schafen, reißt nicht nur sich selbst, sondern viele ins Verderben (33, 21). Walther muß unter starker Rükkendeckung gesungen haben. Zwei seiner Scheltstrophen galten wohl Papst Gregor IX., der 1227 Friedrich bannte (10, 25; 10, 33 mit dem dritten Auftritt des *klôsenære*).

Walther konnte seine Auftritte als Sangspruchdichter

zu wahren ›Kabarettnummern‹ steigern in der Pointie-
rung seiner Aussagen und im Umgang mit seinem Publikum. Dazu ist ihm das Aufstellen der Opferstöcke von
1213 Anlaß, in die nach päpstlicher Anordnung für einen
Kreuzzug eingelegt werden sollte. Er führt seine Zuhörer
nach Rom und macht sie zu Zeugen (34, 4), wie sich der
Papst »christlich« ins Fäustchen lacht und vor den »Welschen« seine eigentlichen Absichten enthüllt: den Thronstreit zwischen den beiden »Alemannen« (Otto und Friedrich) zu schüren, die Ordnung des Reiches zu stören und
dabei das deutsche Silber in die welsche Kasse zu lenken.
Zynische Sprache, imitatorisch mit welschen Brocken
versetzt (*Allamân, wasten*), soll zynische Habgier enthüllen. Zitierte antideutsche Ressentiments heizen antirömi-
sche an. Die Rüge des Domherrn Thomasin bezieht sich
namentlich darauf. Unten die ganze Strophe mit Rühm-
korfs freier Übertragung. Walther schickt noch eine weitere Strophe hinterdrein (34, 14). Sie spricht dieselben
Verdächtigungen aus. War dort der Papst auf die Bühne
seines Sängerauftritts zitiert und wohl nicht nur sprach-
mimisch karikiert worden, inszeniert Walther hier ein
Zwiegespräch mit seinem Vertreter, dem personifizierten
Opferstock: *Sagt an, hêr Stoc, hât iuch der bâbest her gesen-
det, / daz ir in rîchet* (ihn reich macht) *und uns Tiutschen
ermet unde pfendet* (arm macht und schröpft)?

*Ahî wie kristenlîche nû der bâbest lachet,*
 *swenne er sînen Walhen seit ›ich hânz alsô gemachet‹!*
*daz er dâ seit, des solt er niemer hân gedâht.*
 *er giht ›ich hân zwên Allamân undr eine krône brâht,*
*daz siz rîche sulen stœren unde wasten.*
 *ie dar under füllen wir die kasten:*
*ich hâns an mînen stoc gement, ir guot ist allez mîn:*
 *ir tiuschez silber vert in mînen welschen schrîn.*
*ir pfaffen, ezzent hüenr und trinkent wîn,*
 *unde lânt die tiutschen leien magern unde vasten.‹*

(34, 4 ff.: Eijei, wie christlich sich der Papst vor Lachen biegt,
Wenn er den Welschen sagt: »das hab ich hingekriegt!«
(Was schon verrucht wär', wo es einer denkt)
»Ich hab zwei Deutschen e i n e Krone aufgezwängt,
daß sie das Reich zerrütten und zerreißen.
Indessen laß ich meine Soldi kreißen.
Mein hungriger Opferstock, vor ihnen aufgestellt,
schlägt sich die fromme Wampe voll mit deutschem Geld.
Eßt Hühner, liebe Pfaffen, trinkt, was Euch gefällt.
Die deutschen Laien mögen auf den Knochen beißen.«)

## Möglichkeiten und Grenzen der politischen Aussage

Wenn es Walther 1198 gelungen ist, dem sangspruchdich-
terischen Repertoire die politische Thematik zu erschließen, so bedeutet das offensichtlich nicht, daß er fortan bei
jeder Gelegenheit in beliebiger Weise über jedes politische
Ereignis sprechen kann. Die Liste der konkreten Geschehn-
nisse, die er behandelt oder auf die er anspielt, macht
zunächst eher den Eindruck des Zufälligen. So spektaku-
läre und folgenreiche Daten wie Philipps Ermordung
(1208), die Schlacht von Bouvines (1214), die Ottos poli-
tisches Schicksal besiegelte, oder der Tod Innozenz'
(1216) bleiben unerwähnt; die Kreuzzugssammlung von
1213 dagegen, eher peripher, ruft zwei Strophen hervor.
  Bei näherem Hinsehen zeigen sich aber doch Gemeinsamkeiten zwischen den thematisierten Ereignissen. Es
scheint, daß Walther als politischer Sänger vor allem bei
solchen Gelegenheiten auftreten konnte, bei denen Politik
den Beratungssaal der Entscheidungsbefugten und die
Kanzleien verließ und demonstrativ einer größeren Öffentlichkeit zugänglich gemacht wurde, mit verbalen
Kundgebungen wie etwa einem öffentlichen Protest, einem Kreuzzugaufruf, einer Bannverkündigung, oder mit
zeremoniellen Akten wie Prozession, feierlichem Gottesdienst, Fest anläßlich von Wahl- und Krönungsversamm-
lungen, Hoftagen, Synoden usw. Walther hat nicht einfachhin über Philipps Legitimität gehandelt, sondern un-

ter Bezugnahme auf seine Krönung, vielleicht schon auf seine Wahl, sicher auf den Magdeburger Hoftag und wahrscheinlich sogar anläßlich dieser Veranstaltungen. Er hat die Bannung der drei Könige thematisiert; sie betrifft über die Person des Gebannten hinaus dessen Anhängerschaft und stellt einen breiten publizistischen Akt dar. Die drei an Otto gerichteten *hêr keiser*-Strophen lassen sich am besten anläßlich des Frankfurter Hoftags vorgetragen denken. Walther flicht sich mit einem *wille-komen* (11, 30) in die traditionelle Zeremonie ein, mit der ein reisender Regent, auch mit Carmina, begrüßt wird (*adventus Caesaris*); so widmet er auch dem vom Kreuzzug heimkehrenden Leopold eine Ergebenheitsadresse (28, 11). Die Kreuzzüge, auf die Walther immer wieder zu sprechen kommt, gehen wie der Bann viele an und lösen große publizistische Aktivitäten aus. – Weiter: Walther gründet seine politische Stellungnahme auffallend häufig auf das, was ihm wie vielen anderen bei den genannten Gelegenheiten vor Augen geführt wurde. Die Legitimität Philipps ist zu *schouwen* im ›Kronenwunder‹ und in der Art, wie er mit den Seinen ›unter der Krone‹ geht. Otto wird an seine kaiserlichen Pflichten gemahnt, indem auf seine Krone und seine Wappentiere gedeutet wird. – Walthers politische Aussagen sind oft deshalb nicht ein-deutig auf bestimmte Ereignisse oder sogar Personen zu beziehen, weil sie in konventionellen allgemeineren For-men wie Zeitklage, religiöser Mahnung, vor allem als Herrscherlob und -schelte gestaltet sind. Die Berechti-gung, politisch zu urteilen und zu fordern, ist dabei aus allgemein verpflichtenden Idealbildern abgeleitet. Die Forderungen bleiben auffällig oft auf das beschränkt, was auch dem Sänger zukommt: selbst wenn Walther im Namen und Interesse von Fürsten spricht, ist es vor allem die *milte,* die er zu verlangen berechtigt ist.

All das scheint zum einen darauf hinzuweisen, daß Walther auch als politischer Sänger angewiesen blieb auf die Akte öffentlicher Beschenkung, die bei Gelegenheiten wie den genannten ausgeübt wurden und ihn zeitweise ins Brot setzen konnten. Es weist weiter darauf hin, daß Walthers Möglichkeiten des Zugangs zu politischer Information und zur argumentierenden Informationsverarbeitung im wesentlichen innerhalb der Grenzen dessen blieben, was bei solchen Gelegenheiten einer größeren Öffentlichkeit zugänglich gemacht wurde und von ihr aufgegriffen werden konnte, auch vom fahrenden Sangspruchdichter. Seit Burdach ist die phantastische Vorstellung ausgeräumt, Walther habe, Könige, Kaiser und Fürsten beratend, selbstverantwortliche Reichspolitik machen können. Walthers politische Strophen gelten heute als propagandistische Auftragsarbeiten im Dienst führender politischer Personen und Gruppierungen seiner Zeit, die er gekonnt bei der richtigen Gelegenheit ausführte. Sicher konnte sich Walther in diesen Strophen jeweils nur unter solcher Deckung äußern. Aber sind sie beauftragte offizielle Propaganda wie etwa die Streitschriften, Manifeste, Rundschreiben, Flugschriften usw., die in bewährten Formularen und in gepflegter lateinischer Rhetorik von den Kanzleien der Mächtigen ausgehen und politische Entscheidungen vorbereiten, auf sie abzielen und sie begründen? Gehören die volkssprachlichen politischen Strophen des fahrenden Sangspruchdichters nicht eher in die Sphäre adeliger Geselligkeit, die sich traditionell um die genannten Gelegenheiten lagert, und spielen sie nicht dort, lehrend ins Allgemeine ausholend bis kabarettistisch pointierend, die allgemein zugängliche politische Tagesthematik und auch konventionelle Sangspruchthematik durch? Auch damit beeinflußt er, aber eben anders als die offizielle propagandistische Publizistik. Ist der Sangspruchdichter nicht eher dazu in Dienst genommen? Vielleicht aber sucht er sich in diesem Umkreis auch mit politischen Strophen erst einen Gönner. Die meisten Töne, die politische Strophen enthalten, enthalten nicht nur solche. Darin kann sich der ›Sitz im Leben‹ auch für die politische Thematik andeuten.

## V

## ÜBER GRENZEN HINAUS

Es bleiben einige Gesänge Walthers zu besprechen, in denen er die ohnehin weit gespannten Grenzen seines Minnesangs und seiner Sangspruchdichtung noch einmal nach Inhalt und Form überschritten hat. Walther spricht in der Rolle des Alternden und des Kreuzzugsrufers, deren gemeinsamer Standort die Grenze zwischen irdischem Leben und Ewigkeit ist. Spät entstanden, belegen sie Walthers Souveränität des Gestaltens nicht nur bis ins Alter, sondern gerade im Alter.

## Der Leich

Der Leich ist nicht in Strophen, sondern in Versikel gegliedert, in Versgruppen verschiedener Länge, Metrik und Reimung, die in der Regel einmal oder mehrmals, identisch oder in leichter Variation wiederholt werden. In dieser Weise werden aber auch nach übergeordneten Gesamtbauplänen ganze Versikelgruppen wiederaufgenommen. Es entsteht ein überaus kunstvolles Geflecht formaler und inhaltlicher Beziehungen. Die Entstehung des Leichs, sein Zusammenhang mit Sequenz, Lai und Estampie bedarf weiterer Klärung. Er faßt sowohl weltliche wie geistliche Inhalte und bringt deren Rang zur Geltung. In der Bewältigung dieser Groß- und Prunkform stellt zugleich der Autor sein Können unter Beweis, besonders seine musikalisch-metrisch-reimtechnischen Fähigkeiten, aber auch seine Stoffbeherrschung. Der Leich tritt uns entsprechend als Glanzstück im Repertoire besonders der beruflichen Sänger des 13. Jh. entgegen (wie des Tannhäusers, Konrads von Würzburg) und steht in der Überlieferung meist an erster Stelle. Er wird auch Walther zum Ausweis seines berufsmeisterlichen Könnens und zur Repertoireausweitung gedient haben. Vor ihm sind uns nur ein Kreuzleich Heinrichs von Rugge (MF 96, 1) und ein Minneleich Ulrichs von Gutenburg (MF 69, 1) überliefert.

Walthers Leich (3, 1) ist als ›doppelter Cursus‹ gebaut: um die Achse eines Mittelteils sind zwei zweigeteilte Hauptteile mit Versikelentsprechungen gelagert und von einem Einleitungs- und Schlußteil gerahmt. Ich füge Maurers Analyse in Schaefers übersichtlicherer Schreibung an (s. S. 132).

Es handelt sich um einen religiösen Leich. Gott und Maria werden gepriesen und um Beistand für den einzelnen sündigen Menschen und die kranke Christenheit angerufen. Insbesondere die hohen Mysterien des christlichen Glaubens, die Dreieinigkeit, die Menschwerdung Gottes, die Unbeflecktheit und Jungfräulichkeit der Gottesmutter sind Gegenstand staunenden Preises; um ihretwillen wird uns Hilfe zuteil werden; hier findet Walther Motive für eine gesteigerte dichterische Gestaltung vorgeprägt, für Paradoxien, Antithesen und Bilder (die marianischen Attribute). Ihn selbst glauben wir deutlicher zu vernehmen, wenn er mit großem Ernst die wirkliche, brennende Reue (*riuwe heiz*) des Sünders einfordert (6, 17 ff.) und die Übereinstimmung von Wort und Werk (7, 11 ff.), oder wenn er es bei seiner allegorischen Darstellung des kranken Christentums, das im Siechenhaus liegt, nicht lassen kann, Rom die Hauptschuld zuzuteilen: es verweigert den Dürstenden den heilenden Trank der wahren Lehre und verschließt sich der Anklage gegen das Hauptübel der Simonie (6, 31 ff.). Insgesamt aber artikuliert Walther in seinem Leich die Stimmen vertrauter Tradition in der kunstvollen Weise, die diese Form abverlangt, und er bringt damit seinen Gegenstand und sich selbst zur Geltung.

Einleitung
1,1 Preis der Trinität    1,2 Gebet

Hauptteil I
1. Hälfte
2,1 Sündenbekenntnis    2,2 Gebet
3,1 Lob Gottes    3,2 Verachtung des Teufels
4,1 Lob Gottes    4,2 Lob der Jungfrau
2. Hälfte
Preis der Jungfrau Maria, unbefleckte Empfängnis
5,1; 5,2; 5,3
6,1; 6,2; 6,3
7,1;    7,2
8,1; 8,2; 8,3
9 Gebet

Mittelteil
10,1 Preis der Jungfrau Maria    10,2
11,1 Preis des Gotteskindes    11,2
12,1 Bitte an Maria und ihr Kind    12,2

Hauptteil II
1. Hälfte
2,1a Sündenbekenntnis    2,2a Reue
3,1a Reue    3,2a Gebet um Reue
4,1a Lob Gottes    4,2a Lob Gottes
2. Hälfte
Das kranke Christentum
5,1a; 5,2a
6,1a; 6,2a
7,1a; 7,2a
8,1a; 8,2a; 8,3a
9a Gebet

Schluß
13,1 Lobpreis der Jungfrau, Schlußgebet 13,2
5,1b

Walther hat in einigen Liedern (wie 57, 23; 41, 13; 66, 21; 100, 24) aus der Rolle des Alternden, die in der Sangspruchdichtung vertraut, im Minnesang neu ist, auf die Minne geschaut und Abrechnung gehalten. Der bezeichnende Zug, daß er die Minne auf Realitäten bezieht, setzt sich darin konsequent fort. Die Abrechnung mit der Minne weitet sich aus zur Abrechnung mit dem irdischen Dasein, die Konturen von *Frouwe Minne* verschmelzen mit denen von *Frouwe Werlde,* und so bestätigen diese Lieder noch einmal, daß für die höfische Gesellschaft dieser Zeit das Minnewerben um eine Frau letztlich Suche nach Lebenssinn war. Das ist der Stellenwert und Rang von Minne und von Minnesang. In der Rolle des Alternden ist umschrieben, daß das Schwinden der Schönheit und das Nachlassen der körperlich-sinnlichen Fähigkeiten durch geistige Reife, Erfahrung, Weisheit kompensiert werden kann und soll, vor allem aber, daß das Leben im Horizont der Ewigkeit zu betrachten ist.

Wenn Walther einer Minne, die sich wie die liebestolle Alte eines Neidhart-Liedes aufführt und dem Vierundzwanzigjährigen vor dem Vierzigjährigen, dem jungen Toren vor dem erfahrenen, unentwegten Minnediener den Vorzug gibt, künftig nur noch den siebenten Tag einräumen will, und das ist der Ruhetag, so ist die Minneabsage in diesem Lied (*Minne diu hât einen site* 57, 23) mit dem gegenwärtigen Verfall der Minnesitten begründet.

In letzte Dimensionen führt Walthers ›Vermächtnis‹, *Ir reinen wîp, ir werden man* (66, 21). Strophenzusammengehörigkeit, Strophenfolge und damit die Deutung sind allerdings auch bei diesem weiteren Schlüssellied umstritten. Ich folge der Anordnung der Lachmann-Ausgabe. Walther (1: 66, 21) vermacht sein Minnesangwerk von 40 Jahren *oder mê,* das er in voller Verantwortung aufgebaut hat (*als iemen sol*), seinem Publikum, damit es diesem weiterhin diene. Genauer, jenen Hörern, mit denen er sich im Wertverständnis einig weiß und die er entsprechend adressiert: *Ir reinen wîp, ir werden man.* Den *rüemæren* (Minneprahlern) und *lügenæren* (Verdrehern und Verleumdern), die *guotes manes werdekeit* entbehren, verbietet er seinen Minnesang in einem anderen späten Lied (41, 13 ff.) ebenso entschieden. Walther bleibt auch jetzt, da er als aktiv Mitwirkender von der Minnesangbühne abtritt, wie es scheint, bei seinem Prinzip der Unterscheidung. Er wird nun keinen unmittelbaren Anteil mehr haben an den Freudereizen (*geil*) der Minne, die sein Minnesang weiterhin zu vermitteln vermag. Um so mehr (*noch volleclîcher*) kommt ihm, der nicht länger nimmt, nur noch gibt, Ehrung (*êre*), liebevolle Anerkennung (*minneclîcher gruoz*) und Gewogenheit (*hulde*) zu. – In der Folgestrophe (II: 66, 33) bekennt er noch einmal das Programm, das sein Leben und seinen Sang bestimmte und das im tiefsten die geforderte Ehrung, ja das *hœhste lop* begründet. Es ist die lebenslange (*von kinde*), unverdrossene Bemühung um Wertverwirklichung und eine darauf beruhende Würde (*werben umbe werdekeit / mit unverzageter arebeit*). Sie verschafft, gegen den Widerstand der Niedriggesinnten (*nideren*), einen anerkannten Platz unter den *werden* (*sô bin ich doch ... der werden ein*), unabhängig von der gesellschaftlichen Ausgangsposition. Walther läßt diese für sich selbst, vielleicht bewußt, im Unbestimmten, wenn er im Konjunktiv und im Bild formuliert: *swie nider ich sî* und *lât mich an eime stabe gân.* Der *stab* wird eher den Wanderstab des heimat- und besitzlosen Fahrenden als den Bettler- oder Altersstab oder gar den Pilgerstab meinen. Das Ziel der Aussage aber ist klar. Der Wert und die gesellschaftliche Geltung eines Menschen werden von seinem äußeren Stand abgekoppelt und dem Maßstab persönlicher Werteverwirklichung unterstellt. Diese *wirde* aber hat Bestand, ist *wernde wirde* (wie die meisten Forscher für das *werde wirde* der Handschriften einsetzen) und wird dem Ende des Menschen gerecht. – Dieser letzte Satz scheint von der innerweltlich-gesellschaftlichen Dimension der ersten beiden Strophen zur religiös-eschatologischen Dimension der übrigen drei Strophen überzuleiten. Was soll in der Gesellschaft zählen? Was zählt sub specie aeternitatis? 67, 8 (III) ist eine Klage- und Drohstrophe gegen die personifizierte Welt, die uns von allem entblößt, was sie je gegeben, die im Alter mit dem ihr Spiel (*gampelspil*) treibt, der Leib und Seele tausendfach für sie eingesetzt hat. Das übermütig-verächtliche Lachen wird ihr am jüngsten Tag (*jâmertac*) vergehen, wenn ihr im großen Brand das Geraubte geraubt werden wird. Walther singt in der Ich-Form; er macht sich wie in vielen Liedern zum betroffenen und beweisfähigen Zeugen des Vorgangs. – 67, 32 (IV) spricht in einem Rätsel, das für uns schwer zu lösen ist. Wer oder was ist das *schœne bilde* (Bild, Abbild, Vorbild, Figur, Gestalt) der Eingangszeile, das Walther sich erwählt (*erkorn*) hatte, mit dem er über Auge und Mund beglückten Umgang hatte, das nun aber die innewohnende Kraft (*dâ wonte ein wunder inne*) und mit ihr Rede (*gesweic*) und Sinnesreiz (*liljerôsevarwe, smac, schîn*) rätselhaft verloren hat? Ist es die Frau Welt, die Frau Minne, die Minnepartnerin? Oder ist es doch identisch mit dem *bilde,* von dem im zweiten Teil der Strophe die Rede ist? Da meint es im Rahmen eines verbreiteten Motivs den Leib des Sängers, der wie ein Kerker (*bekerkelt*) die Seele gefangen hält, wobei diese ihn in einem angedeuteten Leib-Seele-Gespräch bittet, sie am Ende so bereitet freizugeben, daß beide in der Auferstehung *frô,* zu ewigem Heil, nicht zur Verdammnis, wieder zusammenfinden können. Oder ist die wunderbare Ebenbildlichkeit der Menschen mit Gott betont, die ihm die Auferstehung des Leibes garantiert? Das *bilde* der Eingangszeile enthält Momente von all dem und geht doch in keinem auf. Es scheint mir am ehesten, zusammenfassend, eine Erfahrung zu bezeichnen, der sich die Welt und das irdische Leben zunächst besonders im

Zeichen der Minne und im Angesicht der Minnepartnerin reizvoll und verheißungsvoll als eine Möglichkeit der Sinnes- und Sinnerfüllung (*schœne unde rede*) dargeboten hatten. Jetzt aber, im Alter, im Schwinden der eigenen Körperkraft, bietet sich alles das als leer, kerkerfarben und stumm dar. Vergänglichkeit, in der voraufgehenden Strophe als Raub erfahren und mit Drohung beantwortet, wird hier als unbegreifliches Lebensrätsel empfunden und dargeboten: *dâ wonte ein wunder inne: daz fuor ine weiz war* (ich weiß nicht wohin). »Aber wie kann das wirklich sein?«, wird 700 Jahre später die Marschallin im ›Rosenkavalier‹ fragen. – In der Schlußstrophe (v: 67, 20) formuliert Walther seinen Entschluß, das Leben nach dem Heil der Seele einzurichten (*mîn sêle müeze wol gevarn!*), und er faßt dafür noch einmal konkret (wie in 1) seine Tätigkeit als Minnesänger ins Auge. Als er *des lîbes minne* anpries und viele *frô* machte, brachte er, getäuscht täuschend (*ein lüge, ich tobe*), die *sêle* in Gefahr. Achten wir genau auf die Begründung! Was veranlaßt, der irdischen Minne abzusagen, ist ihr Mangel an Dauer und Beständigkeit (*stætekeit*); sie hat teil an der allgemeinen Vergänglichkeit (Str. III.IV); sie läßt im entscheidenden Augenblick im Stich (*diu dich lât*). Was die himmlische Minne als die *wâre minne* wählen läßt, ist entsprechend, daß ihr *ganze stætekeit* zuzuerkennen ist, daß sie vollkommen ist (*guot*), indem sie zuverlässig immer währt und wirkt (*wies iemer wer*). Dauerhafte, beständige, verläßliche Gegenseitigkeit, die *leit* wirklich verhindern kann, ein Kriterium, an dem Walther immer schon Minne gemessen hatte, ein Minnekriterium also, radikal zu Ende und vom Ende her gedacht, bringt die Entscheidung. Des *lîbes minne* erfüllt nicht, was man von Minne erwarten muß; sie ist nicht ganz und gar Minne, nicht *visch unz an den grât* (wörtlich: nicht Fisch bis auf die Gräten). Die Entscheidung für die Ewigkeitsbedürfnisse der *sêle* ist eine Entscheidung für die wahre Minne als dauernde Minne.

Man hat mit Recht festgestellt, daß Walther in seiner

Abrechnung nicht die Kategorie der Sünde anwendet, daß er dem Weltdienst und dessen Inbegriff, dem Minnedienst, zwar entsagt, ihn aber nicht verdammt, daß er absagt, aber nicht widerruft. Daraus eröffnet sich die Möglichkeit, das Lied mit allen überlieferten Strophen als, wenn auch komplexe, Einheit zu verstehen. Das Verhältnis der Strophen i–ii zu iii–v, in denen Walther den Welt- und Minnedienst einmal positiv, einmal negativ zu bewerten scheint, ist als Widerspruch und Bruch, auch als programmatischer Widerruf einer früheren durch eine spätere Position empfunden worden. Handelt es sich nicht vielmehr um eine Rechenschaftsablage vor zwei Instanzen? Vor der Gesellschaft, der er seine Lieder zu weiterem Gebrauch übereignet, beansprucht er für sein minnesängerisches Lebenswerk höchsten Rang und höchste Geltung. In eben diesem Akt des Abtretens von der Bühne aber rückt ihm dieses Lebenswerk in die Perspektive der Vergänglichkeit alles Irdischen und der Verantwortung für das Heil der unsterblichen Seele. Die Minne des Minnesangs, unüberbietbare und unverzichtbare Antriebskraft für die höchste gesellschaftlich-ethische Bestimmung des Menschen, erweist, vergänglich, ihr Ungenügen gegenüber seiner ewigen Bestimmung, ein Ungenügen, das zur Gefährdung des Heiles wird, wenn sich der Mensch zu ausschließlich dem Welt- und Minnedienst hingibt. Wir sehen Walther noch einmal vor dem zentralen Thema und dem schwersten Problem aller volkssprachlichen Gattungen seiner Zeit: wie es möglich sein kann, zugleich den Menschen und Gott zu gefallen. Eines steht für ihn fest: Auch das ewige Heil kann nur unter dem Antrieb von Minne, aus der liebenden Beziehung zu einem anderen erreicht werden. Diese Minne aber muß von unvergänglicher Dauer sein. Die Gottesminne – sie ist so sicher gemeint, wie nie direkt genannt – ist darin zugleich die *wâre minne*. Sie ist der Frauenminne unendlich überlegen und doch mit ihr verbunden, insbesondere in Walthers Konzept. Frauenminne stachelt zum *werben um-*

*be werdekeit,* zum Streben nach *wirde* an; *wirde* aber will dauerhaft, *wernde wirde* sein; so kann Frauenminne, indem sie antreibt, aber keine Dauer hat, bewirken, daß dem Menschen das *ende* in den Blick rückt. – Einen ähnlichen Verlauf: von der Vorsorge um seinen Minnesang und rechte Minnefreude, die letztlich doch vergeht, zur bleibenden Freude, nimmt auch 41, 13.

Im Lied 100, 24, in dem er sich mit einem »Gute Nacht« von der Welt verabschiedet und auf den Weg zur ewigen Herberge macht, hat Walther noch einmal die Möglichkeit wahrgenommen, den Reiz und die Verführungskraft des irdischen Lebens im Bild der Frau darzustellen. Er führt das Abschiedsgespräch mit *Frô Welt.* Sie versucht sich im minniglichen Ton, wenn sie sein Leben mit ihr unter die Kennzeichnung von *êren, guot, wol gemuot, manegen liehten tac* stellt. Er aber hat sie durchschaut: von vorne schön, von hinten grauenhaft. Walther hat diese Allegorie der Frau Welt, die uns später auch in der bildenden Kunst begegnet, vielleicht selbst geprägt. Er betrachtet sie als die verführerische Wirtin oder Bedienstete eines Gasthauses, dessen Wirt der Teufel ist. Aber die Zechschuld ist beglichen, die Schuldtafel werde gelöscht!

## Kreuzzugslieder und ›Elegie‹

Anders als einige seiner Vorgänger und Zeitgenossen von Friedrich von Hausen bis Hartmann von Aue hat Walther das Thema Kreuzzug nicht in seinem Minnesang – als Konflikt zwischen Frauen- und Gottesdienst – behandelt. Der Kreuzzug ist als kaiserliche Verpflichtung und Sorge, als Streitfall zwischen Deutschland und Rom Gegenstand politischer Sangspruchstrophen (s. o. S. 122 f., 126 f.). In die religiöse Dimension, die das Unternehmen für die Christenheit und den einzelnen Christen hat, führen einige Lieder, die Walther eigens diesem Thema gewidmet hat.

*Owê waz êren sich ellendet tiuschen landen!* (13, 5) Die Ehre
weicht aus Deutschland, weil die Kreuzzugsfähigen zu
Hause bleiben. In vier Klagestrophen, die mit *owê* anhe-
ben, hält ihnen Walther vor, wie ein solches unentschie-
den-untätiges Leben mit dem ewigen Heil (dem Lohn des
Himmelskaisers, der Huld der Engel, der unvergängli-
chen Freude) zugleich das irdische Lebensziel (Ansehen,
Frauenhuld, Sommerfreuden) verfehlt. Der Zornessturm
Gottes droht: *nû suln wir fliehen hin ze gotes grabe.*

*Vil süeze wære minne, / berihte kranke sinne* (76, 22).
Minne meint innerhalb der trinitarischen Gottheit den
Heiligen Geist; er soll unseren schwachen Geist ausrich-
ten, lenken und leiten. Die Anrufung Gottes als »wahre
Minne« mit der Walther sein ›Kreuzlied‹ eröffnet, mag
sein adeliges Publikum in besonderer Weise berührt haben.
Er türmt fünf Blöcke aus vier Versen zu einer wuchtigen
Strophe und vier Strophen zu einem mächtigen Lied. Er
entfaltet die Argumente, die für einen Kreuzzug sprechen,
und ruft zu diesem auf. Diesen Weg nimmt jede Strophe
mindestens einmal. Die Motive sind aus Kreuzzugspre-
digt und -dichtung bekannt. Die Menschheit ist in ihrer
Sünde verloren. Gott aber hat im Heilswerk seines Soh-
nes, besonders durch die Menschwerdung und den Kreuzestod, Erlösung bereitgestellt. Angesichts der Kürze des
Lebens wie des drohenden Todes und Gerichts ist der
Kreuzzug eine hervorragende Möglichkeit, eine Entscheidung für Gott zu treffen, des ewigen Heiles teilhaftig
zu werden und sich Gott dafür dankbar zu erweisen. Es ist
eine Schmach für Gott und die Christenheit, wenn das
Land, in dem er Mensch war, wenn sein Land von Heiden
und Juden beherrscht wird. Befreiung ist das Gebot:
*erlœsen wir daz grap!* Der dreieinige Gott und die Himmelskönigin mögen helfen. Walther hat diese Motive
vorbehaltlos übernommen und so eindringlich, wie er es
kann, vorgetragen. Er kennt offensichtlich auch die Be-
drängnis und das Elend der Kreuzfahrer und Christen im
heiligen Land, wie die letzte Strophe zeigt. Aber es ist ihm

nicht Anlaß zu kritischer Klage wie einem Neidhart oder Freidank, sondern zu dringenderem Aufruf.

Zum ›Palästinalied‹ (14, 38) ist eine vollständige Melodie überliefert (vgl. u. a. W. v. d. V., Die gesamte Überlieferung, S. 81*), in der sich die einfache strophisch-metrische Form durch Melismen kunstvoll und anspruchsvoll ausgeziert zeigt. Umstritten ist, wieviele der 12 insgesamt überlieferten Strophen als echt anzusehen sind; 5, 7 (nach A), 8 oder 9 sind in engerer Wahl. Hat Walther selbst bereits Bearbeitungen vorgenommen? Daß später Strophen hinzugefügt wurden, weist zusammen mit der breiten Überlieferung und der erhaltenen Melodie auf die Beliebtheit des Liedes. Der Grundriß der Aussage ist erkennbar. Walther entwickelt das Leben Christi in seinen wichtigsten Stationen: Geburt, Taufe, Kreuzestod, Höllenfahrt, Auferstehung, (Himmelfahrt und Geistsendung nicht in A), Gericht, wobei er sich vielleicht von einer Siebenzahl (der Siegel Offb 5?) leiten läßt, und er setzt es in Beziehungen. Es bedeutet Heil und Erlösung für die Christen: der Reine ließ sich taufen, damit der Mensch rein werden könne; der Herr ließ sich verkaufen, um uns Unfreie loszukaufen – *anders wæren wir verlorn!* Die Passion, die wir Christen preisen (*wol dir, sper, kriuz unde dorn!*) und gegen die sich die Heiden empören (*zorn*), bedeutet für sie Verdammnis (*wê dir, heiden!*). Die Auferstehung Christi ist nicht nur erlösender Sieg über den Teufel, sondern auch beschämender Sieg über die Juden, die ihn getötet hatten, aber nicht im Grab halten konnten (*dô huob* [erhob] *sich der juden leit, /daz er hêrre ir huote* [Bewachung] *brach*). Wenn Walther bei der Darstellung der Höllenfahrt das topische Bekenntnis zur Trinität sehr breit ausführt, so bestätigt das nur überdeutlich, daß mit der Nennung der Heilstaten Christi auch bewiesen werden soll, und zwar gegen die Glaubensvorstellungen der Juden und des Islam, daß der christliche Glaube der wahre Glaube an den wahren Gott ist. Walther betont, daß in Christus Gott aus einer Jungfrau Mensch geworden ist, gelitten hat und gestorben ist. Gerade diese Mysterien (*was daz niht ein wunder gar?*) haben für ihn und seine Zeit besondere Beweiskraft. Das letzte Ziel der Darlegungen formuliert die Schlußstrophe (nach A; 16, 29). Christi Heilstaten sind, so ist schon zuvor herausgestellt, in einem bestimmten Land geschehen (*hie, ze lande, in dem lande, in diz lant*). So begründen sie im Erbstreit zwischen *kristen, juden* und *heiden* um dieses Land das Recht der Christen. Wenn Gott selbst angerufen wird, dieses Recht zu bestätigen, und das kann in der Situation nur heißen, den Kreuzfahrern Erfolg zu schenken, so wird er bewußt noch einmal als der trinitarische Gott der Christen angerufen (*durch die sîne namen drî*). Besondere Aufmerksamkeit aber hat die Einleitungsstrophe gefunden:

*Allerêrst lebe ich mir werde,*
*sît mîn sündic ouge siht*
*daz reine lant und ouch die erde*
*der man sô vil êren giht.*
*mirst geschehen des ich ie bat,*
*ich bin komen an die stat*
*dâ got mennischlîchen trat.*

(14, 38 ff.: Jetzt erst erfüllt sich der Sinn meines Lebens, da meine sündigen Augen das heilige Land schauen, das Stück Erde, das man so sehr verehrt und preist! Ich habe erlangt, worum ich immer gebeten habe: ich bin an die Stätte gekommen, da Gott als Mensch wandelte.)

Walther spricht in der Ich-Form. Hat er an einem Kreuzzug (Friedrichs II. 1228/29?) oder an einer Pilgerfahrt teilgenommen und bezeugt nun ergriffen sein Erleben? Oder tritt er auch hier, was wahrscheinlicher ist, in einer Rolle auf, der des Kreuzfahrers und wahrheitverbürgenden Augenzeugen? So oder so ist die Strophe ein überaus wirkungsvoller Aufruf dazu, die besondere Heilsmöglichkeit des Kreuzzuges wahrzunehmen: als Sünder dem

Heilswillen Gottes dort zu begegnen, wo er ganz konkret geworden ist, *dâ got mennischlîchen trat.* In diesem ›Augenblick‹ erst erhalte das Leben seinen vollen Sinn und Wert. Wir wissen, was *werdekeit, wirde* (vgl. o. S. 76ff., 134f.) für Walther bedeutet.

Walthers ›Elegie‹ (124, 1) kann an die Gruppe der Kreuzzugslieder angeschlossen werden; sie reicht in ihrer Thematik, deren Beziehungsreichtum und inneren Spannung aber deutlich darüber hinaus. »Was ist nun das Gedicht – Gesellschaftsrüge oder Vergänglichkeitsklage oder Kreuzzugspropaganda? Was sonst in einzelnen Liedern vorkommen kann, scheint hier vereint, aber in welcher Weise?« (Wehrli) Walthers berühmtestes Lied ist trotz aller Bemühung, die es, mehr als die anderen, auf sich gezogen hat, sein rätselhaftestes geblieben. Der Text, vollständig nur in C überliefert, ist offensichtlich verderbt, seine Rekonstruktion bis heute umstritten. Mehr noch ist es, unter dieser Voraussetzung, die Deutung einzelner Stellen und der Zusammenhang des Ganzen. Hier kann nicht mehr als eine Verständnismöglichkeit geboten werden.

I.

*Owê war sint verswunden / alliu mîniu jâr!*
*ist mir mîn leben getroumet, / oder ist ez wâr?*
*daz ich ie wânde ez wære, / was daz allez iht?*
*dar nâch hân ich geslâfen / und enweiz es niht.*
*nû bin ich erwachet, / und ist mir unbekant*
*daz mir hie vor was kündic / als mîn ander hant.*
*liut unde lant, dar inn ich / von kinde bin erzogen,*
*die sint mir worden frömde / reht als ez sî gelogen.*
*die mîne gespilen wâren, / die sint træge unt alt.*
*bereitet ist daz velt, / verhouwen ist der walt:*
*wan daz daz wazzer fliuzet / als ez wîlent flôz,*
*für wâr mîn ungelücke / wânde ich wurde grôz.*

142

mich grüezet maneger trâge, der mich bekande ê wol.
diu welt ist allenthalben ungenâden vol.
als ich gedenke an manegen wünneclîchen tac,
die mir sint enpfallen als in daz mer ein slac,
iemer mêre ouwê.

## II.

Owê wie jæmerlîche junge liute tuont,
den ê vil hovelîchen ir gemüete stuont!
die kunnen niuwan sorgen: ouwê wie tuont si sô?
swar ich zer werlte kêre, dâ ist nieman frô:
tanzen, lachen, singen zergât mit sorgen gar:
nie kein kristenman gesach sô jæmerlîche schar.
nû merkent wie den frouwen ir gebende stât:
die stolzen ritter tragent an dörpellîche wât.
uns sint unsenfte brieve her von Rôme komen,
uns ist erloubet trûren und fröide gar benomen.
daz müet mich inneclîchen (wir lebten ie vil wol),
daz ich nû für mîn lachen weinen kiesen sol.
die vogel in der wilde betrüebet unser klage:
waz wunders ist ob ich dâ von an fröiden gar verzage?
wê waz spriche ich tumber man durch mînen bœsen zorn?
swer dirre wünne volget, hât jene dort verlorn,
iemer mêr ouwê.

## III.

Owê wie uns mit süezen dingen ist vergeben!
ich sihe die gallen mitten in dem honege sweben:
diu Welt ist ûzen schœne, wîz grüen unde rôt,
und innân swarzer varwe, vinster sam der tôt.
swen si nû habe verleitet, der schouwe sînen trôst:
er wirt mit swacher buoze grôzer sünde erlôst.
dar an gedenkent, ritter: ez ist iuwer dinc.
ir tragent die liehten helme und manegen herten rinc,
dar zuo die vesten schilte und diu gewîhten swert.
wolte got, wan wære ich der sigenünfte wert!
sô wolte ich nôtic armman verdienen rîchen solt.

*joch meine ich niht die huoben*
*ich wolte sælden krône*
*die mohte ein soldenære*
*möht ich die lieben reise*
*sô wolte ich denne singen wol,*
*niemer mêr ouwê.*

*noch der hêrren golt:*
*êweclîchen tragen:*
*mit sîme sper bejagen.*
*gevaren über sê,*
*und niemer mêr ouwê,*

(124, 1 ff.: 1 Weh, wohin sind meine Jahre alle entschwunden! War mein Leben nur ein Traum, oder ist es Wirklichkeit? Gab es das überhaupt, von dem ich immer glaubte, es existiere? Mir ist, als ob ich geschlafen habe, doch weiß ich es nicht. Jetzt bin ich aufgewacht und kenne nicht mehr, was mir früher vertraut war wie meine eigene Hand. Die Leute und das Land, in dem ich aufgewachsen bin [*geborn* in den Handschriften], sind mir jetzt so fremd wie etwas Erdichtetes und Erlogenes. Die Freunde, mit denen ich spielte, sind müde alte Leute geworden. Das Land ist angebaut, der Wald ist gerodet. Strömte nicht der Fluß wie einst, wahrlich, mir müßte mein Unglück übergroß erscheinen. So mancher, der mich einst gut kannte, grüßt mich kaum noch. Die Welt ist ringsum voller Undank. Wenn ich an die vielen herrlichen Tage denke, die ohne Spur vergangen sind wie ein Schlag ins Meer, kann ich nur noch Weh rufen. – II Weh, wie erbärmlich führen sich die jungen Leute auf, die einst so höfisch gesinnt und gestimmt waren! Sie kennen nur noch ihre Sorgen. Ach, warum denn? Wo ich mich hinwende auf der Welt: niemand ist mehr froh. Nie sah ein Christenmensch eine so erbärmliche Gesellschaft [*iar,* Jahre, in der Handschrift]. Seht doch, wie den Damen jetzt der Kopfputz sitzt! Die stolzen Ritter tragen Bauernzeug. Aus Rom haben wir böse Briefe bekommen; Trauer ist uns gestattet, Freude gänzlich unterbunden. Es trifft mich tief (wir hatten ja doch gute Zeiten), daß ich jetzt Weinen für mein Lachen eintauschen soll. Sogar die Vögel draußen werden von unserer Trauer angesteckt. Ist es ein Wunder, wenn ich verzweifle und keine Freude mehr erwarte? Aber was rede ich Narr da in meinem fehlgeleiteten Zorn? Wer seine Seligkeit hier sucht, hat sie drüben schon verloren. Weh dann und abermals Weh! – III Weh, wie ist die Süße dieser Welt doch Gift für uns! Mitten im Honig sehe ich Galle schwimmen. Die Welt ist außen schön, weiß, grün und rot, im Innern aber schwarz und finster wie der Tod. Wen sie verführt hat, der kann jetzt Rettung finden: geringe Buße erlöst ihn von schwerer Sünde. Denkt daran, ihr Ritter, es ist eure Sache! Ihr tragt die funkelnden Helme und die harten Ringpanzer, dazu die festen Schilde und die geweihten Schwerter. Wollte Gott, ich wäre solchen Triumphes [*segenunge,* Segnungen, in anderer Lesart] würdig! Dann würde ich armer Bettler reichen Sold erlangen! Ich meine nicht Land und Gold von Fürsten. Ich würde die Krone des Heils auf ewig tragen. Die konnte schon einmal [*möhte,* könnte, in der Handschrift] ein Söldner mit seiner Lanze erringen. Könnte ich die gesegnete Fahrt übers Meer mitmachen, würde ich Jubelgesänge anstimmen und nie mehr Weh singen, nie mehr Weh.)

Die 1. Strophe formuliert in der Ich-Form die Erfahrung eines Menschen, der alt geworden ist und sich seines Alters bewußt wird. Ihm ist wie einem, der geschlafen hat und aus dem Schlaf erwacht ist: das bisherige Leben erscheint ihm wie ein Traum, vergänglich und in dieser Vergänglichkeit unwirklich. Das Bild vom erwachenden Schläfer ermöglicht aber auch, die andere Erfahrung des Alternden eindringlich vorzustellen: daß ihm wie einem, der etwas verschlafen hat, nur die Vergangenheit vertraut, die Gegenwart aber fremd ist, unwirklich wie etwas Fabuliertes. Unaufhaltsamer Wandel, Vergänglichkeit ist der Inhalt beider Erfahrungen. – Walther spricht von seiner früheren Heimat. Das überlieferte *von kinde bin geborn,* das ohne Reimbindung ist, wird meist in *von kinde bin erzogen* geändert und auf Walthers Ausbildung in Österreich gedeutet. Was Fremdwerden von Vertrautem, Wandel und Vergänglichkeit heißt, läßt sich besonders eindringlich an der Veränderung aufzeigen, die an den Jugendgespielen, auch an der Landschaft der Jugend vor sich gegangen ist. Das Lied spricht noch pointierter, wenn man es sich tatsächlich für einen Aufenthalt in Österreich verfaßt und dort vorgetragen denkt. Dann könnte Walther, indem er die ungewöhnliche Form der Langzeile wählte, auch auf die bezeichnende Dichtung des Raumes angespielt haben, auf die frühe ritterliche Liebesdichtung etwa des Kürenbergers oder auf das Nibelungenlied. Auch auf dessen Geschehensgesetz, daß alles Glück am Ende zu Leid wird? – Es scheint mir nicht nötig zu sein, in den überlieferten Text so weit einzugreifen, daß alle geschilderten Veränderungen zum Schlechten auslaufen, Feld und Wald nicht bebaut und gerodet, sondern verödet sind und vielleicht voller eschatologisch-zeichenhafter Drohung. Solche Veränderungen, unwilligen *gruoz* und allgemeine *ungenâde,* Verfallserscheinungen, die gerade dem anerkennungsbedürftigen Sänger ins Auge springen können, gibt es auch; das leitet zur nächsten Strophe über. Aber Wandel, Vergänglichkeit als solche, die vertraute Welt und vertrautes Selbst entziehen, sind schon unbegreiflich genug. Im Flußlauf allein – welch hintergründiges Symbol – sind Einst und Jetzt noch verbunden. Vergänglichkeit ist für Walther jedenfalls kein Grund, die Welt und das irdische Leben sofort und umstandslos geistlich zu verdammen. Er erhebt Klage (*iemer mêre ouwê*) über die glücklichen Tage, die entschwunden sind wie die Spuren eines Schlages ins Meer. Es kennzeichnet ihn, daß er wie auch im ›Alterston‹ (vgl. o. S. 135 f.) zu solcher Verwunderung und ›elegischen‹ Klage fähig ist, die den Wert des Vergangenen, des Vergänglichen in Frage stellt und doch spannungsvoll an ihm festhält. Wenn Walthers Lied bis heute gelesen wird, so nicht zuletzt wegen seiner 1. Strophe. Umgekehrt wird aus eben diesem Grund Walthers Autorschaft am Bußlied 122, 24 (*Ein meister las, troum unde spiegelglas*), das die Verurteilung der vergänglichen Welt schneller und schärfer ausspricht, bestritten.

Scheltende, rügende Klage ist die II. Strophe. Sie gilt dem Verfall zunächst der höfisch-ritterlichen Sitten, der im Verfall ihrer Ausdrucksformen, voran der *fröide,* unübersehbar vor Augen ist. *Fröide,* um es noch einmal zu sagen, ist das Selbstwertgefühl, das man durch Bemühung um höfisch-ritterliche Idealität erringen und durch *tanzen, lachen, singen* festlich darstellen kann (wovon wiederum der Sänger betroffen ist). Stattdessen *jâmer* und *sorge,* selbst und gerade auch unter den *jungen liuten.* Augenfällig-symptomatisch für den Zustand ist auch, wie hofwidrig sich die Damen und ritterlichen Herren kleiden. Beachten wir, daß selbst in dieser scheltenden Klage noch am Wert des Beklagten festgehalten wird. Einen Entschuldigungsgrund will Walther gelten lassen, und mit ihm lenkt er nicht zum erstenmal aus der Gesellschaftskritik in die Kritik an der aktuellen politischen Situation hinüber, die als weiterer Themapunkt in dieses Lied eingeht. Die *unsenften brieve* aus Rom dürften die Bannung Friedrichs II. durch Papst Gregor IX. von 1227 meinen. Sie sind es, die die *fröide* vollends (*gar*) zerstören; sie, aber eben erst sie, lassen sogar Walther selbst *an fröiden gar verzagen.* Wir erinnern uns, wie energisch er sich dagegen verwahrt hatte, den *verzagten aller guoten dinge* (63, 8) zugezählt zu werden. Jetzt erst, da Walther zur Kenntnis nehmen muß, daß der Verwirklichung irdischer *fröide* nicht nur das Verhalten der exemplarisch dazu aufgerufenen Gesellschaftsgruppe, sondern auch die pervertierte Lage von Regnum und Sacerdotium hoffnungslos entgegensteht, erfolgt die entscheidende Wendung. Wer sich in die Suche nach irdischer Glückseligkeit verstrickt, verliert die ewige. Zorniges, scheltendes Einfordern erweist sich sub specie aeternitatis als *tumb* und *bœse.*

Aber Walther verharrt in der Haltung der Klage. Sein *ouwê,* das die II. Strophe abschließt und die III. eröffnet, hat nun den tieferen Grund, daß Irdisches, *diu welt,* nicht nur vergeht und verfällt, sondern verführt und verdirbt: im Süßen ist Gift, im Honig Galle, das bunte, lockende Außen verhüllt ein todschwarzes Innen. Walther nützt die Zweiteiligkeit der Langzeile und des Reimpaares für solche Antithesen. Es gibt einen Weg aus dieser Situation, den Kreuzzug. Walther hebt hervor, daß es ein ritterlicher Weg ist (*ritter: ez ist iuwer dinc*). Hier mag mitbetont sein, daß Walther den Kreuzzug als kaiserliches, nicht päpstliches Anliegen und Unternehmen betrachtet wissen will. Jedenfalls ordnet sich auch dieses Lied einer zentralen Thematik und Problematik der Zeit zu, wenn nämlich ein spezifischer Heilsweg für die gesucht wird, die *helme, herte rinc, schilde* und *swert,* Werkzeuge und Zeichen ihres Standes und ihrer Aufgaben, tragen. Das Heil ist mit einem Söldnerspeer zu erjagen! Die Zuhörer konnten an den römischen Hauptmann Longinus denken, der sich nach der Legende am Kreuz bekehrte; seine Figur verschmolz mit der des Kriegsknechtes, der Christi Seite mit der Lanze durchbohrte und sehend wurde. – Wenn Walther sich als *nôtic (arm)man* vorstellt, der nur wünschen kann, solchen Triumphs oder solcher Segnungen wert zu sein, solchen Lohn zu erlangen, wie sie in der *lieben reise* übers Meer verheißen sind, kann das nur bedingt als biographische Aussage verstanden werden: Hat er also doch an keinem Kreuzzug teilgenommen? Ist er trotz des Lehens noch einmal ins Elend geraten, oder kam er eben doch nicht in dessen Genuß? Walthers Absicht war es, seinem ritterlichen Publikum die Heilschance des Kreuzzugs so eindringlich wie möglich vor Augen zu stellen. Dazu präsentiert er sich denen, die die Möglichkeit dazu haben, als einer, der wüßte, was er täte, hätte er solche Voraussetzungen. Zu diesem Zweck setzt er die *grôze sünde* und der *sælden krône,* aber auch die *grôze sünde* und die *swache buoze,* dazu der *sælden krône,* die soviel mehr ist als *huoben* und *der hêrren golt,* und den Söldnerspeer in appellierenden Vergleich. Es gibt ein Ziel, das den höchsten Ansprüchen genügt, die an ein Menschenleben zu stellen sind, den Ansprüchen auf Dauer und Vollkommenheit. Es ist die Krone ewigen Heils. Das *ouwê,* das Klagelied über Vergänglichkeit, Verfall und Bedrohung, das hier zu singen ist, könnte auf der Reise zu diesem Ziel einem Freudenlied weichen: *sô wolte ich denne singen wol, und niemer mêr ouwê.* Walthers spannungs- und beziehungsreichstes Lied endet in der offenen Form der Verheißung, der Aufforderung, des Wunsches.

## SCHLUSSBEMERKUNG

In unserer Darstellung war viel die Rede von Rollen und Gattungen, Mustern, Modellen und Programmen, Traditionen, Konventionen und Erwartungen, davon, wie Walther sie erfüllte oder mit ihnen spielte oder Grenzen überschritt. Wer aber ist dieser Walther? Kam das Bild seiner ›Persönlichkeit‹ in dieser Darstellung zu kurz? – Was können wir darüber wissen? Was müssen wir darüber wissen?

Man kann versuchen und hat versucht, Lebensdaten und Aussagen Walthers in seinem Werk, besonders die Ich-Aussagen, zu einem solchen ›Persönlichkeitsbild‹ des Menschen und Künstlers zusammenzufügen. Aber was ist tatsächlich über Walthers Leben bekannt? Welche Äußerungen enthüllen Persönlichkeitsstrukturen oder artikulieren Selbstverständnis und sind nicht bereits wieder öffentliche Selbstdarstellung? Folgen die Verknüpfungen nicht zu oft trivialpsychologischen Mustern und charakterologischen Modellen von zweifelhafter Zeitlosigkeit und Allgemeingültigkeit? Porträtieren die Porträtisten nicht vor allem sich selbst, wie die Rezeptionsgeschichte lehrreich, belustigend und erschreckend zeigt?

Künstlerisches Schaffen vollzieht sich im Mittelalter wesentlich unter den Bedingungen, die ihm die kunsttragende Gesellschaft setzt. So wenig wir von Walthers ›Persönlichkeit‹ wissen, so gut können wir erkennen, wie er sich in den genannten literarischen Bedingungen seiner Zeit bewegt. Erkennbar, mit den dichtenden Zeitgenossen vergleichbar und als sein Profil beschreibbar ist, wie und wie glänzend er Gattungsmuster ausfüllte, wie und wie überlegen er mit Rollen und Erwartungen spielte, wie souverän er aber auch Traditionen und Konventionen weiterentwickelte, neu akzentuierte, abänderte und mit all dem der Gesellschaft, in der er lebte und wirkte, Modelle und Programme des Selbstverständnisses, der Selbstdarstellung und des Verhaltens anbot, die ihr und ihm dienen konnten. Es ist dieser Walther, der Literaturgeschichte machte.

# AUSWAHLBIBLIOGRAPHIE

## Bibliographie und Forschungsgeschichte

Das wissenschaftliche Schrifttum bis 1968 verzeichnet die sorgfältige Bibliographie von *Manfred Günter Scholz: Bibliographie zu Walther von der Vogelweide*. Berlin 1969 (detaillierte Gliederung, die bis an die Literatur zum einzelnen Minnelied und Sangspruch führt). Als Fortsetzung bis 1980 ist angelegt *Barbara Bartels: Bibliographie zu Walther vdV*. In: Wissenschaftl. Zeitschr. d. Ernst-Moritz-Arndt-Universität Greifswald. Gesellschafts- u. sprachwissenschaftl. Reihe. Jg. 30 (1981) 85–90. Weiter führt u. a. die *Germanistik. Internationales Referatenorgan mit bibliographischen Hinweisen*. Jg. 21 ff. (1980 ff.) (XXIII. Hochmittelalter, Walther vdV). Eine umfangreiche, gut gegliederte Bibliographie bietet weiter *Halbach,* Sammlung Metzler (s. u.). An die Literatur zu den einzelnen Werken führt auch die Ausgabe *Schaefers* (s. u.). – Für die Forschungs- und Rezeptionsgeschichte ist heranzuziehen: *Günther Gerstmeyer: Walther vdV im Wandel der Jahrhunderte*. Breslau 1934 (Germanist. Abh. 68). Nachdruck 1977; *Martha Hechtle: Walther vdV. Studien zur Geschichte der Forschung*. Jena (1937) (Dt. Arb. d. Univ. Köln 11); *Manfred Gradinger: Die Minnesang- und Waltherforschung von Bodmer bis Uhland*. München 1970. – Forschungsgeschichtlich wichtige Beiträge zu Walthers und anderer Minnesang und Sangspruchdichtung sind bequem in folgenden Sammlungen der Reihe Wege der Forschung (WdF) zugänglich: *Walther vdV*. Hrsg. von *Siegfried Beyschlag*. Darmstadt 1971 (WdF 112); *Der deutsche Minnesang. Aufsätze zu seiner Erforschung*. Hrsg. von *Hans Fromm*. Bd. I. Darmstadt [5]1972 (WdF 15). Bd. II. Darmstadt 1985 (WdF 608); *Mittelhochdeutsche Spruchdichtung*. Hrsg. von *Hugo Moser*. Darmstadt 1972 (WdF 154).

## Ausgaben und Überlieferung

Auf die Erfordernisse einer neuen wissenschaftlichen Walther-Ausgabe hat deutlich aufmerksam gemacht *Alfred Kracher: Zur Gestaltung einer neuen Walther-Ausgabe*. In: Anz. d. Österr. Akad. d. Wiss., philos.-hist. Kl. 89 (1952) Nr. 22. Wien 1953, S. 350–365. Auch in: WdF/Walther, S. 397–419. In der Forschungsliteratur wird in der Regel zitiert nach *Die Gedichte Walthers vdV*. Hrsg. von *Karl Lachmann*. 13., aufgrund der 10. von *Carl v. Kraus* bearb. Ausg. neu hrsg. von *Hugo Kuhn*. Berlin 1965 ([1]1827; Minnesang und Sangspruchdichtung nicht getrennt; Einteilung in 4 Bücher nach der Überlieferungsqualität; die Benützung erleichtern die Einleitung und Beigaben der 13. Aufl.). Umstritten blieb die ›Thesen-Edition‹: *Die Lieder Walthers vdV*. Unter Beifügung erhaltener und erschlossener Melodien neu hrsg. von *Friedrich Maurer*. 1. Bändchen: *Die religiösen und politischen Lieder*. Tübingen 1955, ⁴1974 (ATB 43). 2. Bändchen: *Die Liebeslieder*. Tübingen 1956, ³1969 (ATB 47) (vgl. o. S. 95; wichtiges Vorwort über Editionsprinzipien, Werkgliederung, Chronologie im 2. Bändchen). Minnesang und Spruchdichtung bis hin zu Walther sind wissenschaftlich ediert in: *Des Minnesangs Frühling*. Unter Benutzung der Ausg. von *Karl Lachmann* u. *Moriz Haupt* (1857), *Friedrich Vogt* u. *Carl von Kraus* bearb. von *Hugo Moser* u. *Helmut Tervooren*. I: *Texte*. Stuttgart ³⁶1937, ³⁷1982 (vgl. o. S. 18). – Aus den zahlreichen ›Leseausgaben‹ hebe ich die folgenden kommentierten zweisprachigen heraus: *Walther vdV, Gedichte*. Ausgewählt, übersetzt u. mit einem Kommentar versehen von *Peter Wapnewski*. Frankfurt/M. 1962, zuletzt 1984 (Fischer-Taschenbuch 6052); *Joerg Schaefer* (Hrsg.): *Walther vdV, Werke*. Text u. Prosaübersetzung, Erläuterung der Gedichte, Erklärung der wichtigsten Begriffe. Darmstadt 1972. Als Beispiel einer Übersetzung in Versen: *Walther von der Vogelweide, In dieser Welt geht's wundersam*. Hrsg. u. übertr. von *Hubert Witt*. München 1984. Ausgewählter Minnesang neben Walther mit Übersetzung und Kommentar: *Minnesang. Mittelhochdeutsche Texte mit Übertragungen u. Anmerkungen*. Hrsg. von *Helmut Brackert*. Frankfurt/M. 1983 (Fischer-Taschenbuch 6485). – Die gesamte Walther-Überlieferung in Faksimile bietet ausführlich kommentiert der vorzügliche Band *Walther von der Vogelweide, Die gesamte Überlieferung der Texte und Melodien*. Hrsg. von *H. Brunner, U. Müller, F. V. Spechtler*. Göppingen 1977 (Litterae 7). Auch die großen Liederhandschriften liegen faksimiliert vor; ich hebe heraus: *Codex Manesse. Die große Heidelberger Liederhandschrift. Vollfaksimile des Cod. Pal. Germ. 848 der Universitätsbibliothek Heidelberg*. Frankfurt/M. 1974–1979; *Kommentar*. Hrsg. von *W. Koschorreck* und *W. Werner*. Kassel 1981; *Ewald Jammers: Das königliche Liederbuch des deutschen Minnesangs. Eine Einführung in die sogenannte Manessische Handschrift*. Heidelberg 1965 (vgl. o. S. 19).


## Kommentare

Grundlegender philologischer Kommentar: *Carl von Kraus: Walther vdV. Untersuchungen*. Berlin, Leipzig 1935. Eine Fundgrube erklärender Angaben ist nach wie vor: *Walther vdV*. Hrsg. u. erklärt von *Wilhelm Wilmanns*. 4., vollständig umgearbeitete Aufl. besorgt von *Victor Michels*. 2. Bd.: *Lieder und Sprüche Walthers vdV mit erklärenden Anmerkungen*. Halle (Saale) 1924 (Germanist. Handbibliothek I,2). Weiter sind die kommentierten Leseausgaben (s. o.) zu benützen, dazu als Wörterbuch für die erste Orientierung *Matthias Lexers Mittelhochdeutsches Taschenwör-terbuch.* Stuttgart [37]1983.

## Gesamtdarstellungen, Würdigungen, Charakterisierungen

Den Weg der Forschung (s. o. S. 10) markieren: *Ludwig Uhland: Walther vdV, ein altdeutscher Dichter.* Stuttgart, Tübingen 1822; *Walther vdV.* Hrsg., geordnet u. erläutert u. *Karl Simrock.* Bonn 1870; *Konrad Burdach: Reinmar der Alte und Walther vdV. Ein Beitrag zur Geschichte des Minnesangs.* Leipzig 1880. 2., berichtigte Aufl. 1928. Nachdruck 1976; ders.: *Der mythische und der geschichtliche Walther.* In: Deutsche Rund-schau 29 (1902) 38–65, 237–256. Auch in: *K. B.: Vorspiel* I, 1. Halle 1925, S. 334–400. Auch in: WdF/Walther, S. 14–83; *von Kraus, Untersuchungen* (s. o.). An neueren Überblicken hebe ich heraus: *Kurt Herbert Halbach: Walther vdV.* 4., durchgesehene u. ergänzte Aufl. bearb. von *Manfred Günter Scholz.* Stuttgart 1983 (Slg. Metzler M 40) (materialreichste gegenwärtige Gesamtdarstellung, gerade deshalb nicht leicht zu benut-zen); *Helmut de Boor: Die höfische Literatur* (Geschichte der deutschen Literatur Bd. 2). München [10]1979 (einflußreiche Darstellung der Nach-kriegszeit); *Hugo Kuhn: Die Klassik des Rittertums in der Stauferzeit.* In: *Annalen der deutschen Literatur.* Hrsg. von *Heinz Otto Burger.* Stuttgart [2]1971 (eine Darstellung, der ich Wesentliches verdanke); *George Fenwick Jones: Walther vdV.* New York 1968; *Kurt Ruh: Walther vdV. Festvortrag zu seinem Gedächtnis.* In: Jahrbuch d. Oswald v. Wolkenstein Gesell-schaft 1 (1980/1981) 57–71 (zum angenommenen 750. Todesjahr 1980); *Rolf Bräuer: Walthers Welt der Werte. Gedanken zum 750. Todesjahr Wal-thers vdV.* In: Wissenschaftl. Zeitschr. d. Ernst-Moritz-Arndt-Universi-tät Greifswald. Gesellschafts- u. sprachwissenschaftl. Reihe. Jg. 30 (1981) 15–22 (in einem DDR-Sonderheft zum Gedenken Walthers); *Alois Kircher: Walther vdV.* In: *Einführung in die deutsche Literatur des 12. bis 16. Jahrhunderts.* Bd. 1: *Adel und Hof – 12./13. Jh.* Hrsg. von *Winfried Frey* etc. Opladen 1979, S. 262–292 (als eine betont sozialgeschichtliche Deu-tung); *Peter Rühmkorf: Walther vdV, Klopstock und ich.* Reinbek 1975 (als engagierter Zugriff außerhalb der Fachgrenzen; dazu *Ulrich Wyss: Rühm-korf, Walther vdV und ich.* In: Euphorion 72 [1978] 260–276). Zu Walthers Selbstbewußtsein und -darstellung: *Alfred Mundhenk: Walthers Selbstbe-wußtsein.* In: Dt. Vierteljahrsschr. 37 (1963) 406–438; *Helen Adolf: Wal-ther vdV and the awakening of personality.* In: Festschr. Sehrt. Univ. of Miami Press, Coral Gables. Florida 1968 (Miami Linguistics Series 1), S. 1–13; *Horst Wenzel: Typus und Individualität. Zur literarischen Selbstdeu-tung Walthers vdV.* In: Internationales Archiv f. Sozialgeschichte d. dt. Lit. 8 (1983) 1–34.

## Biographie

Die Materialien und die umfangreiche Literatur unterschiedlichen Niveaus finden sich gut ausgewählt und geordnet bei *Halbach*, Slg. Metzler (s. o.). Zur Pelzrockurkunde: *Hedwig Heger: Das Lebenszeugnis Walthers vdV. Die Reiserechnungen des Passauer Bischofs Wolfger von Erla.* Wien 1970; *Michael Curschmann: Waltherus cantor.* In: Oxford German Studies 6 (1971/72) 5–17.

## Walthers Minnesang

In Grundfragen der Überlieferung, Gattungsgeschichte und Poetik des Minnesangs vor Walther führt konzentriert ein *Günther Schweikle: Die mittelhochdeutsche Minnelyrik. I: Die frühe Minnelyrik.* Darmstadt 1977. – Zur Strophik, Metrik und musikalischen Gestaltung: *Otto Paul, Ingeborg Glier: Deutsche Metrik.* München ⁹1974 (gut lesbare erste Einführung); *Karl-Heinz Schirmer: Zum Aufbau des hochmittelalterlichen deutschen Strophenliedes.* In: Der Deutschunterricht 11 (1959) H. 2, S. 35–59. Auch in: WdF/Walther, S. 608–644; *Johannes Alphonsus Huisman: Neue Wege zur dichterischen und musikalischen Technik Walthers vdV. Mit einem Exkurs über die symmetrische Zahlenkomposition im Mittelalter.* Utrecht 1950 (Studia Litteraria Rheno-Traiectina 1); *Ronald Jack Taylor: Die Melodien der weltlichen Lieder des Mittelalters.* 2 Bde. Stuttgart 1964 (Slg. Metzler 34 u. 35); *Ursula Aarburg: Walther vdV.* In: Die Musik in Geschichte und Gegenwart. Bd. 14 (1968) 216–219; vgl. auch die Faksimile-Ausgabe der gesamten Überlieferung, hrsg. *Brunner* etc. (s. o.) (mit Walther-Diskographie). – Zu den Liedtypen: *Alois Wolf: Variation und Integration. Beobachtungen zu den hochmittelalterlichen Tageliedern.* Darmstadt 1979 (Impulse d. Forschung 29), S. 103–117; *Sabine Brinkmann: Mittelhochdeutsche Pastourellendichtung.* In: WdF/Minnesang II, S. 401–432; *Theodor Frings: Frauenstrophe und Frauenlied in der frühen deutschen Lyrik.* In: Festschr. Korff. Leipzig 1957, S. 13–28; ders.: *Walthers Gespräche.* In: Festschr. Kralik. Horn 1954, S. 154–162.

Überblick und allgemeine Charakterisierung: *Hans Günther Meyer: Die Strophenfolge und ihre Gesetzmäßigkeiten im Minnelied Walthers vdV.* Königstein/Ts. 1981 (Deutsche Studien 35) (kurze Interpretation aller Minnelieder); *Trude Ehlert: Konvention – Variation – Innovation. Ein struktureller Vergleich von Liedern aus ›Des Minnesangs Frühling‹ und von Walther vdV.* Berlin 1980 (Philol. Stud. u. Quellen 99); *Uwe Stamer: Ebene Minne bei Walther vdV. Studien zum gedanklichen Aufbau und zum Einfluß der Tradition.* Göppingen 1976 (Göppinger Arbeiten z. Germanistik 194); *H. Bernhard Willson: Der Ordo der Liebe in Walthers Minnesang.* In: WdF/Walther, S. 645–673 (engl. in: Dt. Vierteljahrsschr. 39 [1965] 523–541); *Martha Mayo Hinman: Minne in a new mode: Walther and the literary tradition.* In: Dt. Vierteljahrsschr. 48 (1974) 249–263; *Gerhard Hahn: Zum sozialen Gehalt von Walthers Minnesang. Einige Beobachtungen am Text.* In: Festschr. Ruh. Tübingen 1979, S. 121–138; *Erwin Arndt: Beziehungen zwischen der politischen Dichtung und der Minnelyrik bei Walther vdV.* In: Weimarer Beiträge 14 (1968) 1089–1100.

Einige jüngere Beiträge zur Funktion des (Waltherschen) Minnesangs: *Roswitha Wisniewski: Werdekeit und Hierarchie. Zur soziologischen Interpretation des Minnesangs.* In: Festschr. Horacek. Wien, Stuttgart 1974, S. 340–379; *Hugo Kuhn: Zur inneren Form des Minnesangs.* In: WdF/ Minnesang I, S. 167–179; *Erich Kleinschmidt: Minnesang als höfisches Zeremonialhandeln.* In: Archiv f. Kulturgesch. 58 (1976) 35–76. Zum Teil in: WdF/Minnesang II, S. 134–159; *Erich Köhler: Vergleichende soziologische Betrachtungen zum romanischen und zum deutschen Minnesang.* In: *Der Berliner Germanistentag 1968.* Hrsg. von K. H. Borck u. R. Henß. Heidelberg 1970, S. 61–76; *Ursula Peters: Niederes Rittertum oder hoher Adel? Zu Erich Köhlers historisch-soziologischer Deutung der altprovenzalischen und mittelhochdeutschen Minnelyrik.* In: Euphorion 67 (1973) 244–260. Auch in: WdF/Minnesang II, S. 185–207; *Joachim Bumke: Ministerialität und Ritterdichtung. Umrisse der Forschung.* München 1976. Zum Teil in: WdF/ Minnesang II, S. 117–133; *Ursula Liebertz-Grün: Zur Soziologie des ›amour courtois‹.* Heidelberg 1977 (Beihefte z. Euphorion); *Wolfgang Mohr: Minnesang als Gesellschaftskunst.* In: Der Deutschunterricht 6 (1954) H. 5, S. 83–107. Auch in: WdF/Minnesang I, S. 197–228; ders.: Die ›vrouwe‹ *Walthers vdV.* In: Zeitschr. f. dt. Philologie 86 (1967) 1–10; *Alois Kircher: Dichter und Konvention. Zum gesellschaftlichen Realitätsproblem der deutschen Lyrik um 1200 bei Walther vdV und seinen Zeitgenossen.* Düsseldorf 1973; *Gert Kaiser: Minnesang-Ritterideal-Ministerialität.* In: *Adelsherrschaft und Literatur.* Hrsg. von Horst Wenzel. Bern etc. 1980, S. 181–208. Auch in: WdF/Minnesang II, S. 160–184; *Günther Schweikle: Die ›frouwe‹ der Minnesänger. Zu Realitätsgehalt und Ethos des Minnesangs im 12. Jahrhundert.* In: Zeitschr. f. dt. Altertum 109 (1980) 91–116. Auch in: WdF/Minnesang II, S. 238–272.

Ausgewählte Literatur zu einigen zentralen Liedern und Liedgruppen. – Schachmatt (111,22): *Peter Wapnewski: Der Sänger und die Dame. Zu Walthers Schachlied (111,23).* In: Euphorion 60 (1966) 1–29. Auch in: *P. W.: Waz ist Minne. Studien zur mittelhochdeutschen Lyrik.* München 1975, S. 74–108. – *Silvia Ranawake: Gab es eine Reinmar-Fehde? Zu der These von Walthers Wendung gegen die Konventionen der hohen Minne.* In: Oxford German Studies 13 (1982) 7–35. – Preislied (56,14): *Friedrich Neumann: Walther vdV: Ir sult sprechen willekomen!* In: *Gedicht und Gedanke. Auslegung deutscher Gedichte.* Hrsg. von Heinz Otto Burger. Halle 1942, S. 11–28; *Heinz Rupp: Walthers Preislied – ein Preislied?* In: Festschr. Brinkmann. Tübingen 1981, S. 23–44. – Mädchenlieder: *Ulrich Pretzel: Zu Walthers Mädchenliedern.* In: Festschr. de Boor. Tübingen 1966, S. 33–47; *D. R. McLintock: Walther's Mädchenlieder.* In: Oxford German Studies

3 (1968) 30–43. – Under der linden (39,11): *Friedrich Neumann: Walther vdV: Under der linden*. In: *Deutsche Lyrik*. Bd. 1. Hrsg. von *Benno von Wiese*. Düsseldorf 1956, S. 71–77; *Jörg Schaefer: Die Gestaltung des lyrischen Ich in Walthers ›Under der linden‹*. In: Monatshefte 58 (1966) 33–42; *Herbert Herzmann: Walthers Under der linden (39,11) – ein Lied der ›niederen Minne‹?* In: Zeitschr. f. dt. Philologie 96 (1977) 348–370. – Nemt, frouwe (74,20): *Kurt Herbert Halbach: Walthers ›Kranz‹-›Tanzlied‹*. In: Der Deutschunterricht 19 (1967) H. 2, S. 51–64; *Friedrich Neumann: Nemt, frouwe, disen kranz!* In: *Dt. Lyrik* I (s. o.), S. 62–70; *Peter Wapnewski: Walthers Lied von der Traumliebe (74, 20) und die deutschsprachige Pastourelle*. In: Euphorion 51 (1957) 113–150. Auch in: *P. W.: Waz ist minne* (s. o.), S. 109–154. Und in: WdF/Walther, S. 431–483; *Gerhard Hahn: Walther vdV: Nemt, frowe, disen kranz (74,20)*. In: *Interpretationen mittelhochdeutscher Lyrik*. Hrsg. von *Günther Jungbluth*. Bad Homburg v. d. H. etc. 1969, S. 205–226. – Herzeliebez frouwelîn (49,25): *Friedrich Neumann: Herzeliebez frouwelîn*. In: *Dt. Lyrik* I (s. o.), S. 56–61; *Dorothea Ader: Walther vdV: Herzeliebez frowelîn*. In: Der Deutschunterricht 19 (1967) H. 2, S. 65–75; *Hugo Kuhn: Herzeliebez vrowelîn (Walther 49,25)*. In: Festschr. Ruh. Tübingen 1979, S. 199–213. Auch in: *H. K.: Liebe und Gesellschaft*. Stuttgart 1980, S. 69–79. – Die verzagten (63,8): *Helmut de Boor: Die verzagten aller guoten dinge*. In: *Dt. Lyrik* I (s. o.), S. 52–55. – Aller werdekeit (46,32): *Siegfried Beyschlag: Herzeliebe und mâze. Zu Walther 46,32 (ff.)*. In: Beiträge z. Gesch. d. dt. Sprache u. Literatur 67 (1945) 386–401; *Günther Schweikle: Minne und Mâze. Zu Aller werdekeit ein füegerinne (Walther 46,32ff.)*. In: Dt. Vierteljahrsschr. 37 (1963) 498–528; *Karl Heinz Borck: Walthers Lied Aller werdekeit ein füegerinne (Lachmann 46,32)*. In: Festschr. Trier. Köln, Graz 1964, S. 313–334; *Wolfgang Bachofer: Walther vdV: Aller werdekeit ein füegerinne (46,32)*. In: *Interpretationen mittelhochdeutscher Lyrik* (s. o.), S. 185–203; *Daniel Rocher: Aller werdekeit ein füegerinne*. In: Etudes germaniques 24 (1969) 181–193; *Gerhard Meißburger: Wes Brot ich esse, des Lied ich singe? Zu Walther 46,32ff. (= M.80)*. In: Amsterdamer Beiträge z. älteren Germanistik 10 (1976) 15–41; *Christa Ortmann: Die Kunst ebene zu werben. Zu Walthers Aller werdekeit ein füegerinne*. In: Beiträge z. Gesch. d. dt. Sprache u. Literatur 103 (1981) 238–263.


## Walthers Sangspruchdichtung

Die Diskussion über die wesentlichen Gattungsmerkmale faßt zusammen und führt anregend weiter *Helmut Tervooren: ›Spruch‹ und ›Lied‹. Ein Forschungsbericht*. In: WdF/Spruchdichtung, S. 1–25. Einige profilierte Diskussionsbeiträge: *Friedrich Maurer: Die politischen Lieder Walthers vdV*. Tübingen [1]1954, [3]1972; *Hugo Moser: Die hochmittelalterliche deutsche ›Spruchdichtung‹ als übernationale und nationale Erscheinung*. In: Zeitschr. f.

dt. Philologie 76 (1957) 241–268. Auch in: WdF/Spruchdichtung, S. 405–440; *Kurt Ruh: Mittelhochdeutsche Spruchdichtung als gattungsgeschichtliches Problem.* In: Dt. Vierteljahrsschr. 42 (1968) 309–324. Auch in: WdF/Spruchdichtung, S. 205–226; *Daniel Rocher: Critères formels et différence spirituelle du Spruch et du Lied chez Walther vdV.* In: Festschr. Fourquet. München, Paris 1969, S. 309–322.

Besondere Aufmerksamkeit hat die politische Sangspruchdichtung Walthers gefunden; hier kann nur eine sehr begrenzte Literaturauswahl zu den wichtigsten Themen und Tönen gegeben werden. – Zur politischen Lage: *Bruno Gebhardt: Handbuch der deutschen Geschichte.* Hrsg. von *Herbert Grundmann.* Bd. 1. Stuttgart ⁹1970. – Überblickend: *Maurer, Die polit. Lieder* (s. o.); *Erich Zettl: Spruch, Zyklus oder Lied? Eine Untersuchung zu den politischen Gedichten Walthers vdV.* Diss. München 1964; *Ulrich Müller: Untersuchungen zur politischen Lyrik des deutschen Mittelalters.* Göppingen 1974; *Hartmut Kokott: Swer nû des rîches irre gê. Politische Sprüche Walthers vdV im Deutschunterricht.* In: *Mittelalterliche Texte im Unterricht.* Hrsg. von *Helmut Brackert* etc. 2. Teil. München 1976 (Literatur in der Schule Bd. 2), S. 130–169; *Karl Kurt Klein: Zum dichterischen Spätwerk Walthers vdV. Der Streit mit Thomasin von Zerclaere.* In: Germanist. Abh. (Innsbrucker Beiträge z. Kulturwiss. 6). Innsbruck 1959, S. 59–109; *Volker Schupp: Er hât tûsent man betoeret. Zur öffentlichen Wirkung Walthers vdV.* In: Poetica 6 (1974) 38–59; *Gerhard Hahn: Möglichkeiten und Grenzen der politischen Aussage in der Spruchdichtung Walthers vdV.* In: Gedenkschr. Kuhn. Stuttgart 1979, S. 338–355. – Zum Reichston (8,4 ff.): *Rudolf Zitzmann: Der Ordo-Gedanke des mittelalterlichen Weltbildes und Walthers Sprüche im ersten Reichston.* In: Dt. Vierteljahrsschr. 25 (1951) 40–53; *Wolfgang Mohr: ›Der Reichston‹ Walthers vdV.* In: Der Deutschunterricht 5 (1953) H. 6, S. 45–56; *H. Bernard Willson: Walther's ›Erster Reichston‹.* In: The Germanic Review 39 (1964) 83–96; *Peter Göhler: Gesellschaftsideal und Menschenbildprobleme im Zyklus politischer Gedichte – zu Walthers Gedichten im ›Reichston‹.* In: Wissenschaftl. Zeitschr. d. Ernst-Moritz-Arndt-Universität Greifswald. Gesellschaftsu. sprachwissenschaftl. Reihe. Jg. 15 (1966) 561–564; *Gert Kaiser: Die Reichssprüche Walthers vdV.* In: Der Deutschunterricht 28 (1976) H. 2, S. 5–24; *Richard Kienast: Walthers vdV ältester Spruch im ›Reichston‹: ich hôrte ein wazzer diezen (8,28 Lachmann).* In: Gymnasium 57 (1950) 201–218; *Theo Schumacher: Walthers zweiter Spruch im Reichston.* In: Dt. Vierteljahrsschr. 36 (1962) 179–189; *Günther Serfas: Die Entstehungszeit der ›Sprüche im Reichston‹ Walthers vdV.* In: Zeitschr. f. dt. Philologie 102 (1983) 65–84; *Thomas Cramer: Ich sach swaz in der welte was. Die Ordnung des Kosmos in Walthers zweitem Reichsspruch.* In: Zeitschr. f. dt. Philologie 104 (1985) 70–85. – Zum 1. Philippston (18, 29 ff.): *Peter Wapnewski: Die Weisen aus dem Morgenland auf der Magdeburger Weihnacht (Zu Walther vdV 19,5).* In: Festschr. Sühnel. Berlin 1967, S. 74–94. Auch in: *P. W.: Waz ist minne,* S. 155–180; *Kurt Herbert Halbach: Der I. Philipps-Ton Walthers vdV* als *Sangspruch-Pentade der Jahre 1199/1205.* Festschr. Beyschlag. Göppingen 1970, S. 39–62; *Achim Masser: Zu Walthers Propagandastrophen im ersten Philippston (L. 18,29 und 19,5).* In: Festschr. Moser. Berlin 1974, S. 49–59; *Eberhard Nellmann: Philippe setze en weisen ûf. Zur Parteinahme Walthers für Philipp von Schwaben.* In: *Stauferzeit: Geschichte, Literatur, Kunst.* Hrsg. von *Rüdiger Krohn* etc. Stuttgart 1979, S. 87–104. – Zum Ottenton (11,6ff.): *Arthur Hatto: Die Ottonischen Gedichte Walthers vdV. Eine neue Interpretation.* In: WdF/Walther, S. 230–250 (engl. in: Speculum 24 [1949] 542–553); *Eberhard Nellmann: Walthers unzeitgemäßer Kreuzzugsappell. Zur Funktion der Her keiser-Strophen des Ottentons.* In: Zeitschr. f. dt. Philologie 98 (1979) 22–60; *Matthias Nix: Der Kreuzzugsaufruf Walthers im Ottenton und der Kreuzzugsplan Kaiser Ottos IV.* In: Germanisch-romanische Monatsschr. 34 (1984) 278–294.

Zu den weiteren Themenbereichen: *Karl Kurt Klein: Zur Spruchdichtung und Heimatfrage Walthers vdV. Beiträge zur Waltherforschung.* Innsbruck 1952 (Schlern-Schr. 90); *Magdalene Heintz: Studien zur Religiosität Walthers vdV.* Frankfurt/M. 1968; *Helmut K. Krausse: Junger mensch und alter got. Walthers Religiosität im Lichte der literarischen und religiösen Strömungen seiner Zeit.* In: The German Quarterly 42 (1969) 331–342; *Hans Bayer: unkristenlîcher dinge ist al diu kristenheit sô vol. Walther vdV und die sogenannte Laienfrömmigkeit.* In: Zeitschr. f. dt. Philologie 100 (1981) 47–86.

## Zu den grenzüberschreitenden Werken Walthers

Grundinformationen über den Leich (3,1) bieten: *Hugo Kuhn: Leich.* In: Reallexikon d. dt. Literaturgeschichte. Bd. 2. Berlin ²1965, S. 39–42; *Friedrich Maurer: Zu den religiösen Liedern Walthers vdV.* In: Euphorion 49 (1955) 29–49. Auch in: *F. M.: Dichtung und Sprache des Mittelalters.* Bern, München ²1971, S. 116–136.

Überblickend zur ›Altersdichtung‹ und ihrer Absagethematik: *Wolfgang Mohr: Altersdichtung Walthers vdV.* In: Sprachkunst 2 (1971) 329–356. – Ir reinen wîp (66,21) in der Diskussion: *Carl v. Kraus: Über Walthers Lied: Ir reinen wîp, ir werden man (66,21–68,7).* In: Germanist. Forsch. Festschr. anläßlich d. 60semestrigen Stiftungsfestes d. Wiener Akad. Germanistenver. Wien 1925, S. 105–116. Auch in: WdF/Walther, S. 84–94; *Ludwig Kerstiens: Walthers Lied von der wahren Minne (66,21).* In: Wirkendes Wort 5 (1954/55) 129–133; *Günther Jungbluth: Walthers Abschied.* In: Dt. Vierteljahrsschr. 32 (1958) 372–390; *Karl Kurt Klein: Summa Vitae. Zur Interpretation des Liedes L 66,21 von Walther vdV.* In: Festschr. Pivec. Innsbruck 1966, S. 213–220; *H. B. Willson: Ir reinen wîp, ir werden man.* In: Medium Aevum 49 (1980) 184–193; *Timothy McFarland: Walther's bilde. On the synthesis of Minnesang and Spruchdichtung in ›Ir reinen wîp, ir werden man (L 66,21ff.)‹.* In: Oxford German Studies 13

(1982) 183–205; *S. L. Clark: ›ein schoenez bilde‹. Walther vd V and the idea of image*. In: *From symbol to mimesis*. Hrsg. von *F. H. Bäuml*. Göppingen 1984 (Göppinger Arbeiten z. Germ. 368), S. 69–91. – Frô Welt (100,24): *Werner Hoffmann: Walthers Absage an die Welt (Frô Welt, ir sult dem wirte sagen. L. 100,24ff.)*. In: Zeitschr. f. dt. Philologie 95 (1976) 356–373.

Überblickend zur Kreuzzugsdichtung: *Steven Runciman: Geschichte der Kreuzzüge*. 3 Bde. München 1957–1960; *Hans Eberhard Mayer: Geschichte der Kreuzzüge*. Stuttgart 1968 (Urban-Bücher 86); *Friedrich-Wilhelm Wentzlaff-Eggebert: Kreuzzugsdichtung des Mittelalters. Studien zu ihrer geschichtlichen und dichterischen Wirklichkeit*. Berlin 1960; *Maria Böhmer: Untersuchungen zur mittelhochdeutschen Kreuzzugslyrik*. Rom 1968 (Studi di filologia tedesca 1); *Friedrich Maurer: Zu den religiösen Liedern Walthers vd V* (s. o.). – Vil süeze wære minne (76,22): *Volker Ladenthin: Walthers Kreuzlied 76,22 vor dem Hintergrund mittelalterlicher Kreuzpredigten*. In: Euphorion 77 (1983) 40–71. – Allerêrst lebe ich (Palästinalied; 14,38): *Hugo Kuhn: Walthers Kreuzzugslied (14,38) und Preislied (56,14)*. Würzburg 1936; *Volker Schupp: Septenar und Bauform. Studien zur ›Auslegung des Vaterunsers‹, zu ›De VII Sigillis‹ und zum ›Palästinalied‹ Walthers vd V*. Berlin 1964 (Philol. Stud. u. Quellen 22); *Wolfgang Haubrichs: Grund und Hintergrund in der Kreuzzugsdichtung. Argumentationsstruktur und politische Intention in Walthers ›Elegie‹ und ›Palästinalied‹*. In: *Philologie und Geschichtswissenschaft. Demonstrationen literarischer Texte des Mittelalters*. Hrsg. v. *Heinz Rupp*. Heidelberg 1977, S. 12–62. – Die Diskussion um die ›Elegie‹ (124,1): *Max Wehrli: Die Elegie Walthers vd V*. In: Trivium 1 (1942/43) H. 3, S. 12–29. Auch in: WdF/Walther, S. 190–209; *Dietrich Kralik: Die Elegie Walthers vd V*. In: Sitzungsberichte d. Österr. Akad. d. Wiss., philos.-hist. Kl. Bd. 228, 1. Abh. Wien 1952; *Hennig Brinkmann: Walthers Elegie*. In: Wirkendes Wort 5 (1954/55) 198–204. Auch in: WW. Sammelbd. 2 (1963) 224–230; *Werner Hoffmann: Walthers sogenannte Elegie*. In: Zeitschr. f. dt. Philologie 87 (1968) 108–131; *Roswitha Wisniewski: Walthers Elegie (L 124,1ff.)*. In: Zeitschr. f. dt. Philologie 87 (1968) 91–108; *D. R. McLintock: Walther's Elegy*. In: Oxford German Studies 4 (1969) 1–11; *Alfred Mundhenk: Ist Walther der Verfasser der Elegie?* In: Dt. Vierteljahrsschr. 44 (1970) 613–654; *Wolfgang Haubrichs* (s. o.).

# NACHWEIS DER ZITATE

*S. 11:* Burdach: Der mythische und der geschichtliche Walther. Nach: WdF/Walther, S. 61.25.26.

*S. 23:* Karl Bosl: Feuchtwangen und Walther vdV. In: Zeitschr. f. bayer. Landesgesch. 32 (1969) 832–849; 833.

*S. 24:* Karl Bertau: Deutsche Literatur im europäischen Mittelalter. Bd. II. München 1973, S. 1033.

*S. 29:* Simrocks Übersetzung in: Ausgewählte Werke. Hrsg. von G. Klee. Bd. 11. Leipzig 1907, S. 176.

*S. 52:* Mohr: Minnesang als Gesellschaftskunst. Nach: WdF/Minnesang I, S. 212.

*S. 52f.:* Kircher, Walther, S. 268.

*S. 54:* Kircher, Dichter, S. 75 Anm. 198.

*S. 84:* Köhler: Vergleichende soziologische Betrachtungen, S. 73.

*S. 90:* William T. H. Jackson: Die Literaturen des Mittelalters. Heidelberg 1967, S. 285.

*S. 96:* Helmut Tervooren: Einzelstrophe oder Strophenbindung. Untersuchungen zur Lyrik der Jenaer Handschrift. Phil. Diss. Bonn 1967, S. 112–114.

*S. 102:* Wapnewski, Ausgabe, S. 287.

*S. 132:* Schaefer, Ausgabe, S. 521f.

*S. 142:* Wehrli: Die Elegie. Nach: WdF/Walther, S. 194.